Jerzy Popieluszko
An das Volk

Predigten und Überlegungen 1982–1984
Herausgegeben von Franciszek Blachnicki

ERB VERLAG

© Erb Verlag GmbH, Düsseldorf 1985
Umschlaggestaltung: Peter E. Fischer
Satz: Evangelisationszentrum Licht-Leben, Maximilianum Verlag, Carlsberg
Druck und Verarbeitung: Mohndruck Graphische Betriebe GmbH, Gütersloh

Printed in Germany 1985

ISBN 3-88458-098-1

© Polnische Original-Ausgabe ‚Slowa do Narodu'
Evangelisationszentrum Licht-Leben, Maximilianum Verlag, Carlsberg, 1984
Übersetzung ins Deutsche: Michael Kirch

CIP-Kurztitelaufnahme der Deutschen Bibliothek

Popieluszko, Jerzy:
An das Volk: Predigten u. Überlegungen 1982–1984 /
Jerzy Popieluszko. Hrsg. von Franciszek Blachnicki. – Düsseldorf: Erb, 1985.
ISBN 3-88458-098-1

Vorwort

An das Volk... An das gepeinigte polnische Volk der achtziger Jahre.

Dies waren die Worte der Predigten des Priesters Jerzy Popieluszko, des Vikars der Kirche des heiligen Stanislaw Kostka aus dem Warschauer Stadtteil Zoliborz, gepredigt im Rahmen der allmonatlichen heiligen Messe «Für die Heimat und für die, die leiden».

Das waren die Worte an das Volk, weil das ganze Volk sein Auditorium war.

Menschenmengen aus Warschau und allen Teilen Polens eilten jeden Monat zur Kirche des heiligen Stanislaw, um die Worte zu hören, die mit einem unbändigen Willen, mit Wahrheitsliebe und Liebe für die unterdrückten Landsleute ausgesprochen wurden. Diese Worte wurden danach von Mund zu Mund weitergetragen, verbreitet auf Tonbändern, vervielfältigt in Untergrunddruckereien und per Funk gesendet. Das waren die Worte der Wahrheit und Liebe - und dieser Worte bedurfte das Volk, das in der Gefangenschaft der Lüge und des Hasses lebte, mehr als des täglichen Brotes.

Danach verharrte das ganze Volk in einem ängstlichen Schweigen, als dieses Wort verstummte, als es geknebelt und verschnürt wurde, als es verschwand wie ein ins Wasser geworfener Stein.

Jedoch danach, am 3. November, ist es auferstanden und leuchtete auf im Schein von tausend Kerzen, in einer Blumenflut um das Grab des Märtyrers der Worte und Liebe. Nun ertönte das Wort mit einer Macht, gegen die sich keiner mehr in Polen widersetzen konnte.

Es gelangte an die Ohren des Gewissens von allen - für die einen als das Wort des Urteils und des Vorwurfs, für die anderen als das Wort des Aufrufs und der Mobilisierung zum Ausharren und weiteren Kampf für Werte, für welche er, Priester Jerzy Popieluszko, den höchsten Preis bezahlt hat.

Dieses Buch beinhaltet eine besondere Kostbarkeit. Es ist der Gedankengang des Rosenkranzes, welchen er in Bromberg am 19. Oktober 1984 einige Stunden vor seinem Tod auslegte. In Wahrheit sein Testament an das Volk.

Der Herausgeber hat die einzelnen Predigten betitelt.

Franciszek Blachnicki

Die Predigten

Rufe aus der Tiefe der Nacht*

Allmächtiger Herr, Herr unserer Väter!

25. April 1982

Wir erscheinen vor Deinem Altar und beten für die Freiheit unserer Heimat. Wir erscheinen im fünften Monat des Kriegszustands, am 134. Tage des nationalen Schmerzes. Wir neigen demütig unsere Häupter und bitten um die Kraft des Ausharrens und um Klugheit im Aufbau der Einigkeit, bitten um Deinen Segen.

Wir erscheinen vor Dir, o Herr, am ersten Jahrestag der Einweihung der Solidaritätsfahne der Hütte Warschau. Der Fahne, wo sich neben der Aufschrift «Solidarnosc» das Abbild Deines Dieners befindet, des heiligen Florian, welcher vornehmlich die Hüttenarbeiter unnd Feuerwehrmänner in Obhut hat. Diese Fahne war der Stolz Tausender schwer arbeitender Hüttenarbeiter. Heute muß sie verborgen bleiben vor denen, die das Wort Solidarnosc fürchten.

Nach der Einweihung der blau-weißen Fahne vor einem Jahr legten die Hüttenarbeiter ein Gelübde ab, das mit den Worten endete: «So helfe uns Gott.» Und einer von den Arbeitern hat für diese Feier ein Gedicht in Form eines Gebetes geschrieben. In diesem Gebet richtete er seine einfachen Worte an Dich, o Herr des Himmels und der Erde:

Wir Arbeiter, wir einfachen Leute,
in Deinem Tempel mit unserer Fahne.
Segne, o Herr, Solidarnosc.
Fülle unsere Herzen mit der Glut der Liebe.
Unser Herr, nach Deiner Gnade sehnt sich heute das ganze Land.
Segne, o Herr, Dein treues Volk, segne und gib uns Frieden!

---

* *Die ersten drei Predigten haben Gebetsformen, Rufe an den Herrn aus der Sicht des gepeinigten Volkes. Sie werden deswegen unter dem Titel «Rufe aus der Tiefe der Nacht» zusammengefaßt.*

Und Du, o Herr, hast Deinen Segen für Solidarnosc gegeben. So wie der verstorbene Primas, Kardinal Wyszynski, am 2. April vergangenen Jahres sagte: «Solidarnosc hat in wenigen Monaten soviel getan, was keiner bestgefürchteten politischen Macht gelingen könnte».

Solidarnosc hat es möglich gemacht, das Böse mit seinem Funktionsmechanismus zu durchschauen, und sie hat die junge Generation mit verschiedenen, bis jetzt verschwiegenen historischen Wahrheiten aus der Geschichte unserer Heimat vertraut gemacht.

Wir wollten so gerne für Deinen Ruhm und zum Wohl der Menschen arbeiten. Wir wollten in Frieden in Frieden Dein Reich auf Erden bauen, in unserer politisch gepeinigten Heimat, und in der Zwischenzeit...

In der Zwischenzeit geschah anderes.

Bis heute, o Herr, bleiben viele Familien in unserer Heimat verwaist, bis heute warten die Kinder auf die Rückkehr der ihrer Freiheit beraubten Eltern, bis heute warten Eltern auf die Rückkehr der Kinder, Männer auf die Rückkehr der Frauen und Frauen auf die Rückkehr der Männer.

Für diese bitten wir besonders, damit ihre Qual ein Ende findet.

Gegen die Gefangenen hat man Klage erhoben, weil sie ihrem Schwur und der Fahne mit dem heiligen Bildnis bis zum Schluß treu geblieben waren. Man hat sie mit gewöhnlichen Kriminellen und Betrügern gleichgestellt. Den Söhnen unserer Nation gib die Kraft des Geistes und die Kraft der Beharrlichkeit. Wir bitten Dich, o Herr, für die, die nicht begreifen, was sie tun, indem sie den eigenen Landsleuten Qual, Angst und Unruhe bereiten.

Wir bitten Dich, o Herr, für die, die das menschliche Gewissen brechen. Das Gewissen ist - so wie der Heilige Vater sagte - das größte Heiligtum, und das Brechen des Gewissens schlimmer als das Töten.

Auch Du, o Herr, läßt das menschliche Gewissen nicht brechen. Deswegen bitten wir, das Gewissen unserer Landsleute möge nicht geknechtet werden.

Wir bitten Dich, o Herr, für die Mitarbeiter der Gerichtsbarkeit, welche nicht den Mut haben, der Lüge entgegenzutreten, und Falsches für Recht ansehen.

Für die Schüler und die akademische Jugend. Gib ihnen, o Herr, die Richtigkeit des Denkens und Tuns.

Wir vertrauen Dir Arbeiter an, die bei der Verteidigung ihrer unveräußerlichen menschlichen Rechte Blut vergossen und ihr Leben geopfert haben. Gib ihnen, o Herr, die ewige Belohnung im Himmel.

Wir empfehlen alle Deiner besonderen Obhut, Deiner Macht, welche die menschlichen Herzen heilt.

8

Wir wollen unseren Schuldigern vergeben, so wie Du unsere Schuld vergibst. Und erlöse uns alle von dem Bösen. Zeig uns den Ausweg aus der heute so schwierigen Lage unserer Heimat. Erlaube uns, o Herr, daß wir zum Schluß Dich mit den Worten des Dichters Zygmunt Krasinski bitten um die Zeit, in welcher «unser Herz nicht mehr täglich zitternd, sehnsüchtig und besorgt auf die wilden und plötzlichen Gäste wartet, die die Macht der Ungerechtigkeit besitzen».

Erhör uns, Mutter Gottes!

30. Mai 1982

Mutter Gottes, Jungfrau Maria! Erhöre uns. Du hast am Kreuz gestanden, und Du hast so sehr gelitten, als Dein Sohn Jesus Christus, ans Kreuz geschlagen, starb. Dort, an diesem Kreuz, ernannte Dich Christus zu unserer Mutter und uns zu Deinen Kindern. So bist Du unsere Mutter!

Der König Jan Kazimierz ernannte Dich zur Königin unseres Landes. Also bist Du unsere Mutter und unsere Königin.

Und deswegen, als unsere liebe Mutter, mußt Du leiden, wenn Du Deine Kinder siehst, die ihren Kreuzweg durchmachen. Erneut mußten Deine Kinder besonders leiden in dem Dir gewidmeten Monat Mai. In diesem Monat offenbaren die ihre Haßgefühle, die nicht begreifen, was sie tun, die Unrecht und Unsittlichkeit verbreiten.

Am 3. Mai, am Tag Deines Festes, der Königin Polens, kam dieser Haß besonders zur Geltung. An diesem Tag haben unsere Schwestern und Brüder Tränen vergossen, unschuldig Schläge empfangen.

Wir bitten Dich als Mutter und Königin für die, die am meisten leiden. Wir bitten Dich mit Worten einer Litanei, die unserer Zeit entspricht und die Tage der halbjährigen Kriegsunterdrückung Deiner Kinder schildert.

Mutter derer, die bei Solidarnosc ihre Hoffnung haben   bitte für uns
Mutter der Betrogenen   bitte für und
Mutter der Verratenen   bitte für uns
Mutter der in der Nacht Gefaßten   bitte für uns
Mutter der Gefangenen   bitte für uns
Mutter der Getrösteten   bitte für uns
Mutter der erschossenen Bergarbeiter   bitte für uns

Mutter der Werftarbeiter   bitte für uns
Mutter der Verhörten   bitte für uns
Mutter der unschuldig Verurteilten   bitte für uns
Mutter der Arbeiter   bitte für uns
Mutter der Studenten   bitte für uns
Mutter der standhaften Schauspieler   bitte für uns
Mutter der Wahrheitliebenden   bitte für uns
Mutter der Unbestechlichen   bitte für uns
Mutter der Unerschütterlichen   bitte für uns
Mutter der Verwaisten   bitte für uns
Mutter der an Deinem Feiertag Geschlagenen   bitte für uns
Mutter derer, die mißhandelt werden,
     weil sie Dein Abbild bei sich tragen   bitte für uns
Mutter der Arbeitslosen   bitte für uns
Mutter derer, die gezwungen werden zu unterschreiben,
     was nicht mit dem Gewissen zu vereinbaren war   bitte für uns
Mutter der Kinder, welche sich nach ihren gefangenen
     Müttern und Vätern sehnen   bitte für uns
Mutter der weinenden Mütter   bitte für uns
Mutter der besorgten Väter   bitte für uns
Mutter Deines gefangenen Dieners Lech   bitte für uns
Mutter der gedemütigten Schriftsteller und
     Wissenschaftler   bitte für uns
Königin des leidenden Polens   bitte für uns
Königin des kämpfenden Polens   bitte für uns
Königin des unabhängigen Polens   bitte für uns
Königin des immer treuen Polens   bitte für uns

Wir bitten Dich, Mutter Gottes, Hoffnung für Millionen, gib uns allen das Leben in der Freiheit und Wahrheit, in Treue für Dich und Deinen Sohn.

Ich flehe Dich an, o Herr, für dieses ganze Land!

27. Juni 1982

Ich flehe Dich an, o Herr, für dieses ganze
Land!
O, schau auf dieses Land und schenk ihm Dein
Gehör!
Damit es die Hoffnung in Dein Wort nicht
verliert,
weil doch Gott am schnellsten den Menschen
erhört,
wenn er nicht sein, sondern des Bruders Glück
will.

M. Konopnicka

Im Monat Juni, der dem Herzen Jesu gewidmet ist, möchten wir mit unserem Herzen diejenigen erfassen, die unseres Herzens am meisten bedürfen.

Wir möchten Kinder aus den Familien in unseren Herzen erfassen, die der Kriegszustand am meisten getroffen hat.

Kinder sind besonders empfindlich bei jeder Ungerechtigkeit, die sie nicht begreifen können. Die Welt des Kindes ist eine sehr empfindliche Wirklichkeit. Desto größer ist die Verwüstung der Psyche eines Kindes durch das Böse, je grausamer und gewaltsamer es ist. Deshalb mußte die Psyche des Kindes erschüttert werden nach dem Zusammentreffen mit dem brutalen Übel und dem Haß, der am Anfang, und nicht nur am Anfang des Kriegszustands in die Häuser unserer Väter kam. Wir haben in den Kinderheimen verwaiste, einsame und traurige Kinder. Welches Gewissen belasten wir mit den verwaisten Kindern des Kriegszustands? Wir wenden uns im gemeinsamen Gebet der so zahlreich versammelten Gläubigen an Dich, o Herr Jesus, dessen Herz mit der Verbrecherlanze durchstochen wurde, dessen Herz so sehr leiden mußte. Du warst selbst ein Kind. Und obwohl Du Deinen Himmlischen Vater hattest, gab er Dir den heiligen Josef als Deinen irdischen Betreuer.

Jesus, Du hast schon als Kind gelitten, als Du mit Deinen Eltern vor den Häschern des Herodes aus Deiner Heimt fliehen mußtest.

Deswegen verstehst Du den Schmerz der Kinder, deren Eltern in

11

Gefängnissen und Lagern bleiben. Du verstehst den Blick eines Kindes auf den um das tägli-che Brot für die Familie besorgten Vater zu deuten. Du verstehst und kennst das. Und deswegen scheint es uns, daß wir Deine Antwort hören: Liebes Kind, ich kenne deinen Schmerz, weil ich mit dir gelitten habe, als in der Nacht die bösen Menschen, bewaffnet mit Paragraphen und Vorschriften des Kriegszustands, kamen und dir deinen Vater nahmen. Ich weiß, daß keiner dir die Tage ohne ihn zurückgibt und ihm die Tage ohne dich. Aber eines Tages wirst du erfahren, daß man ihn deswegen mitgenommen hat, weil er die Gerechtigkeit wollte. Und du wirst stolz auf ihn sein.

Hilf uns, Herr Jesus, damit wir den Aufgaben gegenüber den verwaisten und benachteiligten Kindern des Kriegszustands gewachsen sind. Es darf keine Mutter geben, die ohne unsere Obhut und Fürsorge bleibt. Gib Kraft, Mut und Klugheit den Müttern dieser Kinder, deren Väter die Stimmen von Millionen unserer Landsleute, der Solidarnosc, sind und in ihr Hoffnung sehen. Du kennst, Herr, Jesus, den vierjährigen Jacek, dem seine vereinsamte Mutter sagt: «Mein Sohn, dein Vater fehlt, deshalb mußt du das für ihn machen. Du mußt ihn ersetzen.» Auf die Frage des Sohnes, warum sein Vater, wenn er nichts Böses getan hat, hinter Gittern und Mauern bleiben muß, sieht er in den Augen seiner Mutter die Tränen, und der vierjährige Jacek versteht und sorgt statt des Vaters für seine Mutter. Du kennst das weinende fünfjährige Mädchen, das während des Besuches bei seinem Vater in einem Lager in der Gegend von Warschau gerufen hat: «Vater, komm nach Hause, oder erlaube mir, bei dir zu bleiben!»

Du, Jesus, kennst die Schmerzen und Unruhe aller Kinderherzen. Deswegen glauben wir, daß die Leiden der Kinder unserer Nation die richtigen Früchte bringen muß. Das Große und Schöne wird in Leid geboren. So wie im Leid, Schmerz, Tränen und Blut des Jahres 1970 die patriotische Bewegung der Jugend entstand - Solidarnosc. Ein gesunder Baum bringt gesunde Frucht. Auf dem Baum des Bösen wachsen die Früchte des Bösen.

Der Kriegszustand wurde von denen, die ihn ausgerufen haben, als notwendiges Übel bezeichnet, als kleineres Übel, aber immer noch ein Übel. Deswegen wird ihre Saat faule Früchte tragen. Ihre Ernte wird schlecht. Die Erklärung unserer Solidarität und Zuneigung im Gebet mit den Leidenden, Mißhandelten und Betrogenen, unser Verlangen nach Freilassung der Gefangenen...

Wiederherstellung der Arbeitsplätze für die, die sie verloren haben, das Verlangen nach der sorglosen Kindheit unserer Kinder bleibt jedoch zugleich das große Rufen nach Freiheit in diesem Land. Nach Freiheit, die in der Gerechtigkeit, Güte und Liebe ihre Stütze hat.

Die Hoffnung kann man nicht töten

29. August 1982

«Die Regierung ist für das Volk ein Quell des Guten und des Bösen, und das Volk empfängt ihn aus ihrer Hand. Nur die Regierung steht Rede und Antwort vor Gott und trägt die Verantwortung für das Elend und die Not der Regierten. Wenn ein Blinder die anderen Blinden führt, landen sie in demselben Graben. Was kann man über den Blinden sagen, der mit Gewalt versucht, seine Führung dem Sehenden aufzuzwingen? Warum übernehmen diese Volksbefreier eine Aufgabe, die ihre Kräfte übersteigt? Wer zwingt sie, das zu vergeben, was nicht im Rahmen ihrer Mittel, ihres Verstandes und auch nicht ihres Willens liegt? Infolgedessen hat das Volk recht, wenn es gegenüber den Regierenden streng und anspruchsvoll ist und es sie wegen des Übels, unter dem es leidet, unter Anklage stellt. Diese aufdringlichen und unerwünschten Führer sollen es unterlassen, sich ihren Mitmenschen aufzudrängen, sie sollen den Weg der Gleichheit und gemeinsamen Pflicht betreten, wenn sie nicht wollen, daß man sie als die wirklichen Schuldigen betrachtet ... Nichts und niemand kann ein Volk von der Notwendigkeit der selbständigen Gestaltung der eigenen Souveränität entbinden. Die einzige Aufgabe, die eine Regierung erfüllen soll und kann, ist, dem Volk zu dienen und es ohne Zwang im Namen der Wahrheit und Gerechtigkeit zu führen. Man darf keine Regierung unter anderen Voraussetzungen tolerieren. Einer Regierung, die ihre Position eines treuen und ergebenen Dieners verläßt, verweigert das Volk einen treuen und spontanen Gehorsam ... Dies sind die wesentlichen Eigenschaften jeder rechtmäßigen Regierung:

1. Sie soll immer die Rolle des Dieners erfüllen.
2. Sie soll ihre treue Hingabe dem Volk gegenüber beweisen.
3. Sie soll immer der Wahrheit und Gerechtigkeit gehorsam sein.
4. Sie soll die verschiedensten Ideale ins Leben rufen können und das alles, was sich im Verstand der begabtesten und tugendvollsten Menschen offenbart.
5. Sie soll wirklich in der Lage sein, gemeinsames Glück zu bauen, und von jedem nicht mehr als das, was er von sich selbst freiwillig geben kann, fordern. Sie darf nicht gegenüber den Regierten zur Gewalt und zum Zwang greifen. Eine Regierung, die keine anderen Maßnahmen als nur Macht und Gewalt besitzt, ist keine Regierung, sondern eine usurpierte Macht, eine Lästerung und ein bewaffneter Raub. Das Volk ist in diesem Zusammenhang ihr ge-

genüber wie ein wehrloser Reiter angesichts eines bewaffneten, mutigen und gewandten Straßenräubers. Falls ihr das Pech habt, mit diesem Räuber Aug' in Auge zu stehen, auch wenn ihr unschuldig und heilig wie Christus seid, sollt ihr euch nicht täuschen lassen: Nichts kann euch vor ihm beschützen, keine Religion, kein Recht, keine Regel und auch kein Prinzip. Das Flehen und Stöhnen von Abel hat die brudermörderische Wut von Kain angeregt. Ihr müßt zugeben, daß man nichts Gutes von den Menschen erwarten kann, die eure Würde und souveräne Freiheit nicht schätzen ...»

«Polen von den Toten erwecken, die Welt erlösen»
Ausgabe PAX 1981

Der Heilige Vater Johannes Paul II. stellt in seiner Botschaft zum Friedenstag, die auch in unserer Presse veröffentlicht war, fest: Herrschaft heißt Dienst. Herrschen bedeutet dienen. Die primäre Liebe des Herrschers, das ist die Liebe für die, über welche er herrscht. Wenn es so wäre, daß diese große christliche Wahrheit endlich ins Leben käme, die Herrschaft sittlich wäre, die Grundsätze der Verwaltung sich nach der christlichen Ethik orientieren würden, wie anders würden dann das Leben und Zusammenleben, die Arbeit und die Zusammenarbeit aussehen. In der Zwischenzeit wurden wir Zeugen einer Tyrannenherrschaft, in der man dem Bürger polizeilich-staatsanwaltlich gegenübertritt.

Der vor einem Jahr vestorbene Kardinal Stefan Wyszynski, Primas des Jahrtausends, sagte am 6. Januar vergangenen Jahres im Zusammenhang mit der Rede des Heiligen Vaters: «Der Bürger wird zum größten Feind der Staatsmacht. Warum geschieht das so?» fragt der Primas und antwortet selbst: «Weil der Bürger seiner Rechte beraubt und seinem Pflichtbewußtsein entmutigt wurde. Die Staatsgewalt darf nicht zum Tyrannen und der Staat nicht zum organisierten Gefängnis werden».

Vor zwei Jahren, in der zweiten Hälfte des Monats August, entstand Solidarnosc. Sie entstand im Schmerz und in der Unruhe des Herzens, in der physischen und seelischen Qual, vor den Feldaltaren, im patriotischen Aufruf der Arbeiter mit Unterstützung der Intelligenz und Kulturwelt. Denken wir an diese Momente des 31. August 1980 vor den Toren der Hütte Warschau, als sich die Menschen versammelten, um zusammen mit den streikenden Hüttenarbeitern an der heiligen Messe teilzunehmen. Es war nämlich Sonntag. Gott wurde in den Kampf um die Wiederherstellung der Würde des arbeitenden Menschen eingeschaltet. Wir wußten doch alle, daß man im Kampf für den Sieg einer gerechten Sache nur mit Gott an der Seite gewinnen kann. Was kann man heute, am zweiten Jahrestag des patriotischen Aufstandes der polnischen Bevölkerung, sagen? Was kann man heute noch sagen, da in der Dezembernacht des vergangenen Jahres auf brutale und schmerzliche Art und Weise die Vereinbarungen von Danzig und Schlesien zerstört wurden? Man hat uns einen Schlag versetzt, eine immer noch blutende Wunde geschlagen. Es ist aber keine tödliche Wunde, weil man nicht töten kann, was unsterblich ist. Man kann die Hoffnung nicht töten. Solidarnosc war und bleibt die Hoffnung von Millionen Polen, eine um so stärkere Hoffnung, je mehr sie mit Gott durch das Gebet verbunden bleibt. Solidarnosc ist wie ein großer Baum, der im Volk wächst, und, obwohl ihm die Wurzel abgeschnitten wurde, läßt er immer neue wachsen.

Und obwohl dieser Baum durch die Stürme geschüttelt wurde, obwohl ihm die glorreiche Krone abgerissen wurde, hält er sich noch am heimatlichen Boden fest und schöpft aus unseren Herzen und unserem Gebet die Lebenskraft, die ihn weiterbestehen und gute Früchte bringen läßt. Ungeachtet der schmerzlichen Erfahrungen der letzten Monate ist das Volk immer noch bereit, für das Wohl der eigenen Heimat zu arbeiten. Aber nur ein Volk, das von den Regierenden geachtet wird, kann diese Aufgabe freiwillig übernehmen. Unser Volk hat Angst vor dem kommenden Tag, unser Land ist zu einem organisierten Gefängnis geworden. Man kann nicht über den gemeinsamen Bau des nationalen Daseins reden, wenn man die menschlichen Rechte nicht achtet und die menschliche Würde erniedrigt, wie es in den letzten Tagen in einem Internierungslager in Marienwerder geschah. Der Bischof von Ermland informierte uns über die Vorgänge in diesem Lager, in dem viele unserer Landsleute festgehalten werden. In seiner Rede vor Hunderttausenden von Pilgern zu Füßen der Königin von Polen in Jasna Gora definierte der Primas klar und deutlich die Bedingungen, welche für den Beginn eines neuen, gemeinsamen Aufbaus notwendig sind. Man braucht über sie nicht mehr zu diskutieren, weil sie der Wille des die Heimat liebenden Volkes sind. Erstens die Freilassung von Lech Walesa, zweitens die Freilassung aller Interniertern, ferner Wiederherstellung der Gewerkschaften, die Vorbereitung einer Amnestie und letztens die Festlegung des Termins für den Besuch des Heiligen Vaters. Diese Bedingungen sind die Intention des heutigen Gebets der heiligen Messe für die Heimat. Wir beenden unsere Überlegungen mit den Worten des Heiligen Vaters, der für unsere Heimat so betete: «Nimm entgegen mein leidvolles Gebet, Du, Königin von Polen und Ihr Schutzheiligen meiner Heimat! Du, seit ewiger Zeit polnische Königin! Nimm das ganze Volk in Deine Obhut, es soll sich entfalten.»

Kein Sieg ohne Kreuz

26. September 1982

Christus stirbt am Kreuz für die ganze Menschheit, er überwindet den Tod und öffnet den Weg zur Auferstehung. Warum mußte die Erlösung der Menschheit an so einem grausamen Werkzeug, wie es das Kreuz im Altertum war, vollzogen werden? Die Phönizier haben den Kreuzestod für die am meisten Verachteten, für Menschen ohne jegliche Rechte, für die Sklaven erdacht. Vielleicht wäre Christus gesteinigt worden, wäre er als Jude gestorben. Wäre er vom Schwert getötet worden, wäre er als Römer gestorben. Durch seinen Kreuzestod wie ein Sklave wurde er zum Bruder der ganzen Menschheit. Ein Sklave konnte ein Jude, Grieche oder Germane sein. Ein Sklave konnte Analphabet oder Gelehrter sein. Dank des Todes und der Auferstehung Christi wurde das Symbol der Schande und der Demütigung zum Symbol der Bruderschaft, der Tapferkeit und Hilfsbereitschaft.

Das Zeichen des Kreuzes umfaßt das Schönste und Wertvollste des Menschen. Das Kreuz führt uns zur Auferstehung. Es gibt keinen anderen Weg. Die Kreuze unserer Heimat, unsere persönlichen Kreuze, die Kreuze unserer Familien müßten uns zum Sieg führen, zur Auferstehung, wenn wir sie mit Christus verbinden, der das Kreuz besiegt hat. Wir dürfen unser Leid und unser Kreuz immer mit Christus verbinden, weil der Prozeß über ihn immer noch stattfindet. Der Prozeß über ihn findet in seinen Brüdern statt. Der gekreuzigte Christus leidet weiter auch in unserer Heimat. Die Darsteller der Tragödie und des Prozesses Christi leben weiter.

Es haben sich nur die Namen und Gesichter geändert, die Geburtsorte und die Geburtsdaten. Die Methoden haben sich geändert, aber der Prozeß dauert an. Diejenigen nehmen an ihm teil, die ihren Brüdern Schmerz und Leid zufügen, diejenigen, die das bekämpfen, wofür Christus am Kreuz starb. Diejenigen nehmen an ihm teil, die auf Lügen, Halbwahrheiten und Falschheit bauen, die die menschliche Würde der Kinder Gottes demütigen, die den Mitmenschen das Wertvollste von Gott Gegebene wegnehmen und begrenzen, sie der Freiheit berauben und einengen. Was für eine Ähnlichkeit auch heute zwischen dem am Kreuz blutenden Christus und unserer leidenden Heimat!

«Christus, gekreuzigt
wie Polen in seiner Gefangenschaft.
Christus, gekreuzigt
wie Polen in der Zeit der Befreiung» rief der Dichter.

Wie der gekreuzigte Christus, so blutet jetzt unsere Heimat. Ihre Söhne werden um die Ehre und Würde gebracht, erniedrigt und in vielen Fällen mißhandelt. Christus wird am Kreuz von seinen Landsleuten in seinem Land getötet. Man kann mehrere Fakten erwähnen, die das Kreuz unserer Nation. unserer Heimat schildern. Das größte Kreuz ist die fehlende Achtung der Grundrechte des menschlichen Wesens. Der verstorbene Primas Kardinal Wyszynski sagte dazu folgendes: «Der Anfang einer gesellschaftlichen Ordnung und die Bedingung des Weltfriedens, des Friedens des Gewissens, der Familie und der Nationen ist die Achtung der Grundrechte des menschlichen Wesens.» Dort, wo die menschlichen Rechte Wahrheit, Freiheit und Gerechtigkeit nicht beachtet werden, gibt es keinen Frieden und kann es niemals Frieden geben.

In unserem Land achtet man diese Rechte nicht, da Tausende Menschen in Gefängnissen und Lagern festgehalten werden. Die Medien übermitteln uns Lügen oder Halbwahrheiten, es fehlt an Gerechtigkeit. Das Kreuz unserer Heimat ist die sonderbare Hartnäckigkeit, mit der man den Menschen und besonders der Jugend Gott zu entfernen versucht und die Ideologie aufzwingt, die weit entfernt ist von der jahrtausendalten christlichen Tradition unserer Nation. Wie konnte man denken - und hier zitiere ich wieder den Primas - «daß Polen, das jahrhundertelang im Licht des Evangeliums und das Kreuzes lebte, Christus verstoßen und seine christliche Kultur verlassen kann». Die geplante Atheisierung, die Bekämpfung Gottes und des Göttlichen ist zugleich ein Kampf gegen die Größe und Würde des Menschen. Der Mensch trägt in sich die Würde des Kindes Gottes, und das ist seine Größe. Ein Kreuz ist auch der Wahrheitsmangel. Die Wahrheit beinhaltet die Eigenschaft des Fortbestehens, und sie kommt immer ans Licht, auch wenn man sie fleißig und planmäßig zu vertuschen versucht. Die Lüge braucht viele Worte. Der Wahrheitsmangel ist die Wurzel jeglicher Krisen. Das Kreuz ist der Wahrheitsmangel. Dort, wo es keine Freiheit gibt, gibt es keine Liebe, keine Freundschaft, sowohl im Kreis der Familie als auch im Kreis der nationalen Gesellschaft oder zwischen verschiedenen Nationen. Der Mensch von heute ist empfänglicher für die Liebe als für die Macht. Die Polen gewinnt man mit dem Herzen und nicht mit der Drohung. Der Mut kommt von Herzen und hält nichts von der eisernen Waffe. Jeder von uns hier Versammelten könnte eine unendliche Zahl von Kreuzen aufzählen, die er in den letzten zehn Monaten selbst erlebte oder bezeugen kann. In den Monaten der andauernden Unruhe, Mißhandlung, Verängstigung und Unsicherheit vor dem kommenden Tag.

Die Kreuze unseres privaten und gesellschaftlichen Lebens sollen zur Auferstehung einer freien und gerechten Heimat führen. Seit diesem Moment, als Christus gekreuzigt starb, darf uns keine Erniedrigung und kein Leid schänden. Schande kommt auf die zu, die sie verursachen. Genauso wie Christus, der auf seinem Kreuzweg nicht umkehrte, sondern bis zum Sieg gegangen ist, genauso wird unser Volk, das die Wahrheit, Gerechtigkeit und Freiheit begehrt, sich nicht ergeben, wenn es auch zur Auferstehung auf schmerzenden Knien gehen sollte. Wir bitten Gott um die Hoffnung, weil nur hoffnungsstarke Menschen Schwierigkeiten überwinden können. Wir bitten um die innere Freude, weil sie die stärkste Waffe gegen den traurigen Teufel ist. Wir bitten um die Befreiung von Haß und Rache. Wir bitten um die Freiheit, die die Frucht der Liebe ist.

Die Wahrheit wird euch befreien

31. Oktober 1982

Wir stehen heute am Altar vor deinem Bildnis, heiliger Maximilian, du Schutzheiliger des gequälten Polens. Wir stehen hier vor Gottes Thron, um zu beten, um die Hilfe deiner Vermittlung zu Gott, um in unserem Namen und im Namen derjenigen, die in Gefängnissen und Lagern leiden, leiden für den Kampf um die Gerechtigkeit in der Heimat, einen Dialog zu führen.

Alle erhabenen Erlebnisse der vergangenen Jahre, die mit der Wahl eines Polen für das Amt des Papstes und mit dem ersten Besuch des Papstes in seiner Heimat verbunden sind, Erlebnisse, die mit der Geburt von Solidarnosc zusammenhängen, alles das sollte uns vorbereiten und stärken für das tapfere Ertragen der Leiden und der Erniedrigung, die wir zur Zeit erleben. Deine Zugehörigkeit zum Kreis der Heiligen, Vater Maximilian, weist darauf hin und bestätigt unsere Gewißheit, daß die Macht des Bösen, der Verachtung und des Hasses gegen den Menschen besiegt werden muß. Du, heiliger Maximilian, bist ein Symbol des Sieges eines gezwungenen Menschen, der in seiner Seele frei bleibt. Um seelisch frei zu bleiben, muß man in Wahrheit leben. Ein Leben in Wahrheit bedeutet, die Wahrheit äußerlich zu bezeugen, sich zu ihr zu bekennen und in jeder Situation nach ihr zu verlangen. Die Wahrheit ist unveränderlich. Die Wahrheit läßt sich nicht durch die eine oder andere Entscheidung oder durch Gesetze vernichten.

Unsere Gefangenschaft beruht darauf, daß wir uns der Herrschaft der Lüge ergeben statt sie zu demaskieren oder gegen sie täglich zu protestieren. Wir protestieren nicht gegen sie, wir schweigen oder geben an, an sie zu glauben. Wir leben in der Verlogenheit. Das mutige Zugeben der Wahrheit ist der unmittelbare Weg in die Freiheit. Ein Mensch, der die Wahrheit bezeugt, ist frei, auch wenn er sich im Gefängnis oder im Lager befindet. Wenn die Mehrheit der Polen in der augenblicklichen Situation den Weg der Wahrheit gewählt hätte, hätte diese Mehrheit nicht vergessen, was für sie die Wahrheit noch vor einem halben Jahr hieß, wären wir heute eine seelisch freie Nation. Die äußere oder politische Freiheit müßte früher oder später als Folge der inneren Freiheit und der Wahrheitstreue eintreten. Die grundsäätzliche Bedingung der Befreiung des Menschen oder der Nation ist die Überwindung der Angst. Die Angst ist die Folge der Bedrohung. Wir haben Angst vor dem drohenden Leiden, vor dem Verlust unseres Eigentums, unserer Freiheit, unserer Gesundheit und unseres Arbeitsplatzes. In diesem Moment handeln wir gegen unser Gewissen, das doch ein Maßstab der Wahrheit ist. Erst dann überwinden wir die Angst, wenn wir Leiden oder Verlust auf uns nehmen im Namen höherer Werte. Wenn die Wahrheit für uns den Wert darstellt, für den es sich lohnt zu leiden, ein Risiko zu tragen, dann erst überwinden wir die Angst, die eine unmittelbare Ursache unserer Gefangenschaft ist. Christus sagte öfter zu seinen Jüngern: «Habt keine Angst. Habt keine Angst vor denen, die nur das Fleisch töten, und sonst nichts anderes tun können.»

Du, heiliger Maximilian, warst der Lehre Christi immer treu. Du hast vor der Reise ins Unbekannte, nach Japan, nicht zurückgeschreckt, um dort die Wahrheit über Christus zu verbreiten. Du hattest weder Angst zu leiden noch dein Leben zu verlieren. Dank dessen lebt dein freier Geist und bringt Früchte.

«Die Angst ist der größte Makel des Apostels. Sie schnürt das Herz ein und drückt den Hals zu. Jeder, der gegenüber den Feinden seiner gerechten Sache schweigt, ermutigt sie. Zum Schweigen durch die Angst zu zwingen ist die erste Aufgabe einer gottlosen Strategie. Das Schweigen hat erst dann seine apostolische Aussage, wenn ich mein Gesicht vor Schlagenden nicht abwende.» Soviel der Primas in seinem Werk «Notizen aus dem Gefängnis»

Du bist uns unentbehrlich, heiliger Maximilian. Als Beispiel eines Menschen, der der Angst und der Drohung nicht unterliegt, als Heiliger, den man Patron des geplagten Polens nennen darf. Denn wer von den Heiligen konnte mehr für sein Volk erreichen als du, der selber geschlagen und mißhandelt wurde. Du, der du die verängstigten mit dir im Gefängnis sitzenden Brüder beschützt hast und anschließend ins Lager und in den Hungerbunker mußtest. Du wurdest ohne Urteil ins Lager gesteckt, nur deshalb, weil du zu den Söhnen gehörtest, die ihre Heimat und die Wahrheit liebten. Du, der das Leiden und den Tod des anderen Menschen auf sich genommen hat.

Die freiwillige Übernahme des Leidens für einen anderen Menschen ist mehr als nur leiden. Nur Menschen, die innerlich frei sind, können diese Entscheidung treffen. Auch heute gibt es in unserer Kirche Menschen, einfache Arbeiter, die ihre Bereitschaft bekunden, in das Internierungslager zu gehen, wenn dafür die Mütter oder Väter der Familien freigelassen würden. Sie wollten das Kreuz ihrer Mitbrüder tragen, wollten wenigstens einige Familien von den Leiden befreien. Leider hat man ihnen nicht erlaubt, ein Opfer für ihre Brüder zu bringen. Unser Volk hat im Laufe der Geschichte vieles erleiden müssen. Es fällt uns heute immer noch schwer, über die schmerzliche Vergangenheit der schrecklichen Tage der Besatzung zu reden. Aber, je mehr wir uns daran erinnern, wieviel unser Volk unter der Besatzung des Hasses erlebte, um so mehr verstehen wir die Worte des Heiligen Vaters, welche er während der Audienz am 11. Oktober diesen Jahres an die Polen gerichtet hat. «Es ist nicht gut», sprach der Heilige Vater mit Tränen in den Augen, «es ist nicht gut, wenn die Landsleute zur Heiligsprechung ihres Landsmannes mit Tränen in den Augen anreisen. Denn dies waren keine Tränen der Freude. Zu ihnen gesellten sich zeitweilig Worte und Rufe. Rufe nicht nur aus diesem Saal, Rufe aus der Ferne. Und deswegen will ich auf eure Rufe antworten, ihr, die ihr hier seid. Ich will denjenigen antworten, die nicht anwesend sind, vor allem denjenigen, die sich in den Internierungslagern und den Gefängnissen befinden. Ich möchte denjenigen antworten, die auf irgendeine Art und Weise in Polen leiden, und ich möchte mich von dieser Stelle an die polnische Regierung wenden, damit es keine Tränen mehr gibt. Die polnische Gesellschaft, mein Volk hat es nicht verdient, zu Tränen der Verzweiflung getrieben zu werden, jedoch zur Bildung einer besseren Zukunft.»

Ja, ein Volk, das in einer nicht weit entfernten Vergangenheit soviel erleiden mußte, hat es nicht verdient, daß sich viele seiner besten Söhne und Töchter in den Lagern und Gefängnissen befinden, daß solche Verbrechen stattfinden. Das Volk hat es nicht verdient, daß man ihm gegen seinen Willen die mit Leiden und Blut der Arbeiter erkämpfte unabhängige, selbstverwaltete Gewerkschaft Solidarnosc wegnimmt, über die der verstorbene Primas am 2. April 1981 sagte, daß sie in einigen Monaten mehr erreicht hat, als die geschickteste Politik es je erreichen könnte.

Der Hauptrat des Episkopats hat über die Gewerkschaft am 15. Dezember vergangenen Jahres gesagt, sie sei notwendig für die Wiederherstellung des Gleichgewichtes im gesellschaftlichen Leben.

Um die Reaktivierung der Gewerkschaft bemühte sich bis zuletzt der jetzige Primas Polens, indem er seine eigene und die Autorität der Kirche riskierte.

Wir beenden unsere Überlegungen und erinnern uns an die Worte des Heiligen Vaters, ausgesprochen zu der Zeit, als er noch der Bischof von Krakau war: «Schwach ist das Volk, wenn es mit seiner Niederlage einverstanden ist, wenn es vergißt, daß es berufen worden ist zu wachen, bis seine Stunde kommt. Denn die Stunden kehren immer wieder zurück auf dem großen Zifferblatt der Geschichte.»

Das Gebet mit dem Papst

26. Dezember 1982

Als Papst Johannes Paul «Heimat» sagte, so war in diesen Worten kein billiges Pathos, dafür aber ein schwieriges Erbe der polnischen Vergangenheit. Wir wollen heute über das zur Neige gehende Jahr mit den Worten des Heiligen Vaters sprechen, mit Worten seines Gebetes, das er bei verschiedenen Gelegenheiten für die Landsleute an die Mutter Gottes gerichtet hat. In die Worte des großen Gebets des Jahres des Kriegszustandes schloß er die Sorge um unsere Heimat, schloß seinen ganzen Schmerz und sein Leiden ein, als der beste Sohn unseres Volkes. Er war und ist derjenige, der in uns die Hoffnung verstärkt, daß das Böse, daß Gewalt, Haß und Lüge und die Erniedrigung der menschlichen Würde eine Niederlage davontragen müssen. Er ermunterte uns zum Solidaritätskampf, zur Verteidigung der menschlichen Grundrechte.

Im Januar dieses Jahres wandte er sich in seinem Gebet an die Jungfrau von Jasna Gora mit folgenden Worten: «Warum wurde Dir und uns allen zur Sechshundertjahrfeier eine Situation des Kriegszustands beschert, in der Heimat, die doch ein volles Recht hat, eine Heimat des souveränen Volkes zu sein?»

Indem er auf die Weihnachtsbriefe von internierten Personen antwortete, welche an ihn schrieben, 'Sei mit uns, wie wir mit dir sind', betete er: «Sei mit uns, sei mit uns Gefangenen, sei mit den ohne Verhandlung zur gewaltsamen Isolierung Verurteilten, mit allen, die wegen der Gefangenschaft ihrer Nächsten leiden. O, Mutter, Du kannst Dich daran erinnern, daß auch Du gefangen warst. Dein Bild von Jasna Gora wurde einmal geraubt. Aber es erlangte die Freiheit zurück. Mutter, ich flehe Dich an um die Freiheit derer, denen die Freiheit genommen wurde.»

Im Februar, nach der Rückkehr aus Afrika, sagte der Papst zu den Polen: «Ich werde den großen Platz in Kaduna in Niger, wo ich den schwarzen Diakonen die Priesterweihe erteilte, nicht vergessen. Unter Hunderttausenden Menschen befand sich eine Gruppe Polen, über die sich eine weiß-rote Fahne mit der Schrift 'Solidarnosc' erhob». Nachher erklärte er: «Solidarnosc ist nicht nur ein Name für die tägliche Sorge in der Heimat, die Achtung der Menschenrechte und die Souveränität des Volkes. Das ist nicht nur ein Ausdruck der Sorge. Es ist ein Name der Einheit und der Gemeinschaft. Solidarnosc ist ein tiefer und schwieriger Prozeß, den sich die Polen der achtziger Jahre vorgenommen haben. Der schwierige Prozeß macht eine schmerzliche Reinigung durch. Leider wurde er im Monat Oktober auf eine gewaltsame Art unterbrochen.»

In einem der Gebete an die Nation bediente er sich der Worte der polnischen Bischöfe und betonte, daß zu den Parteien der gemeinschaftlichen Übereinkunft die regierende Macht und die glaubwürdigen Vertreter der gesellschaftlichen Gruppen gehören.

Glaubwürdige Vertreter! Die Vertreter der Gewerkschaft dürfen hier nicht fehlen, und unter ihnen besonders die nicht, die breite gesellschaftliche Bestätigung in der Solidarnosc finden. Heute wissen wir, daß die gesellschaftliche Übereinkunft schwerlich aufzubauen sein wird, weil die von Millionen unterstützte Gewerkschaft mit dem Recht des Kriegszustands vernichtet worden ist. Es fällt uns schwer, in dieser Situation von neuem daran zu glauben, wenn Menschen, denen die arbeitende Welt vertraute, denen man durch die Amnestie die Freiheit garantierte, nach der Internierung vor einigen Tagen erneut eingesperrt worden sind, wenn man statt der Internierung unseren Brüdern das Verlassen des Vaterlandes angeboten hat. In Rom sind klare und starke Worte gefallen: «Heute, wo unser Volk auf eine Probe gestellt wird, rufen wir laut in Deiner Gegenwart, Mutter von Jasna Gora: Es darf nicht passieren, daß in Polen für Polen kein Platz mehr ist.»

Jeder Mensch hat das Recht auf seine Heimat. Niemand darf verurteilt werden zu emigrieren. Zum Jahrestag des Attentats auf sein Leben, mit Tränen in den Augen, sprach er die schmerzlichen Worte: «Seit dem 13. Dezember leide ich wieder mit meinem Volk. Warum stellt man die Individualität nicht her, welche doch dem Volk zusteht? Warum vollbringt man eine auf Gewalt aufgebaute Entfremdung des

Staates? Warum nimmt man dem Staat die einzige reife Kraft, die die Individualität des Volkes ist?»

Nimm an das Gebet voller Leiden, Du, Königin von Polen. Das Land kann sich nicht richtig entwickeln, wenn es der Rechte beraubt ist, welche seine volle Souveränität garantieren. Eine Regierung darf ihre Stärke mit keiner Gewalt demonstrieren. Man hätte Lust zu sagen: Kämpfe nicht mit Gewalt. Die Gewalt ist nicht ein Zeichen der Stärke, sondern der Schwäche. Wenn es nicht gelingt, mit dem Herzen oder dem Verstand zu gewinnen, wird es mit der Gewalt versucht. Jedes Anzeichen der Gewalt zeugt von einer moralischen Unfähigkeit. Die herrlichsten und dauerhaftesten Kämpfe, welche der Menschheit und der Geschichte bekannt sind, sind die Kämpfe des menschlichen Geistes. Eine Idee, welche Waffen benötigt, um zu überleben, stirbt. Eine Idee, die nur mit Gewalt existieren kann, ist deformiert. Eine existenzfähige Idee erobert mit ihrer eigenen Überzeugung. Ihr folgen spontan Millionen. Und wiederum in den nächsten Monaten erklingen die Worte des Gebets, die den Schmerz und die Sorge um die Probleme der Heimat ausdrücken. Dies sind die Worte des Heiligen Vaters vom Herbst diesen Jahres: «Unsere größte Sorge gehört denjenigen, die wegen des Kriegszustandes von ihren Familien, dem täglichen Leben und ihrer Arbeit getrennt wurden. Wir sorgen uns um das Schicksal der Internierten, welchen die Gesellschaft und die Kirche helfen kann. Noch mehr sorgen wir uns um das Schicksal der Gefangenen und der Verurteilten, zu denen die Gesellschaft und die Kirche fast keinen Kontakt hat. Die größte Sorge bereiten uns diejenigen, die in den Gefängnissen in den Hungerstreik treten.

Sie alle, unsere Brüder und Schwestern, gehören einer großen Interessengemeinschaft des Volkes an, ähnlich wie die sechs Millionen, die ihr Leben während des Zweiten Weltkriegs verloren haben. Die Nation hat das Recht und die Verpflichtung, sich um sie zu kümmern, sie hat das Recht zu verlangen, daß die Menschenrechte gegenüber den Gefangenen geachtet werden. Sind wir nicht die Bekenner Christi, der gesagt hat: «Ich war im Gefängnis, doch ihr seid zu mir gekommen»? Und weiter: Durch das Prisma der Wahrheit, das Kreuz Christi, sollte man auf alle Kreuze der Erde schauen; es gibt eine Menge davon; es gibt viele internierte Gefangene und Verurteilte. Es gibt viele Geschlagene und ihrer menschlichen Würde Beraubte. Es gibt viele Familien und gesellschaftliche Kreise, die leiden. Lange noch und mit der größten Verehrung hätten wir den Worten des Heiligen Vaters, gesprochen mit Sorge um die Heimat und das Volk, zuhören können. Wir erinnern daran nicht deswegen, um mit den menschlichen Gefühlen zu spielen. Wir erinnern an die Ereignisse des vergangenen Jahres, um daraus eine Lehre zu ziehen. Das Korn der Sorge um das Vaterland, geworfen auf die polnische Erde im August 1980, begossen mit dem Schmerz unserer Brüder und Schwestern im vergangenen Jahr, muß gute Ernte bringen. Es muß zum riesigen Baum der Freiheit und Gerechtigkeit erwachsen. Diese Hoffnung dürfen wir nicht verlieren. Denn im Volk gibt es genügend Kraft für gemeinsames Handeln und gemeinsame Arbeit zum Wohle der Heimat. Das Volk, das seine schmerzlichen Erfahrungen als Gabe für den Herrn durch die Worte des Heiligen Vaters niederlegt, ist zu vielen Opfern bereit, aber es verlangt ein echtes Abkommen. Das Volk will garantiert wissen, daß seine Bemühungen nicht vergeudet werden. Heute versteht das Volk die Worte Narwids besser: «Man darf sich nicht den Begleitumständen beugen und dafür die Wahrheit vor der Tür stehenlassen. Wir bitten die Mutter Gottes, die der Welt Gott schenkte, damit alle Menschen guten Willens in unserer Heimat eine Zukunft nach den Regeln von Gerechtigkeit, Liebe, Güte, Frieden und Solidarität der Herzen und des Gewissens bauen können.

Unsere Mutter von Jasna Gora, Du weißt am besten, wie sehr sich Millionen polnischer Herzen Wahrheit, Gerechtigkeit, Freiheit und Liebe wünschen. Nimm an den Ruf der Herzen und gib ihnen die Kraft des Guten, damit sie den Sieg in dem Lande erringen, das Dich seit Jahrhunderten als seine Mutter und Königin ansieht.

Eine freie Heimat gib uns zurück, o Herr!

30. Januar 1983

Seit Beginn der Geschichte unserer Heimat haben unsere Urväter ihr Blut vergossen, um zu verhindern, daß fremde Mächte sie um den höchsten nationalen Wert, die Freiheit, berauben. Der Kampf um die Freiheit, einmal begonnen, ist mit dem Blut des Vaters auf den Sohn übergegangen.

Die Polen haben es verstanden, ihre Heimat vor den Eindringlingen zu schützen, sie verstanden es, die volle und wahre Freiheit zur Zeit der Teilung zu fordern. Das Licht des christlichen Evangeliums hat ihnen immer Gesellschaft geleistet und ihnen gezeigt, daß die Freiheit allein eine Gabe Gottes ist. Es gab viele nationale Aufstände und Stürme. Die eine besondere Aufmerksamkeit verdienen, sind die vom November und Januar, weil beide uns immer nahe sind und weil in ihnen

24

soviel Analogie zu unserer Wirklichkeit steckt. Zunächst also einige Worte zum Novemberaufstand des Jahres 1830. Dieser Aufstand war vor allen Dingen eine Aktion der Jugend, die sich mit der von fremden Mächten aufgezwungenen Situation nicht abfinden konnte. Der patriotische Aufstand der jungen Offiziere bewirkte, daß Warschau zum Zentrum des Aufstandes wurde. Leider ist die Macht in den Händen derer geblieben, die sich in den von den Eroberern bezahlten Nestern ihrer Existenz wohlfühlten. Diese Leute haben die Aufständischen nicht unterstützt. Zur Irreführung der öffentlichen Meinung wurden einige Personen, die das Vertrauen der Patrioten genossen, an die Macht gelassen. Dies jedoch nur zur Irreführung der Öffentlichkeit. Der Aufstand sank zusammen. Aber das Streben nach Freiheit ist geblieben, denn der Kampf um die Freiheit, einmal begonnen, geht mit dem Blut des Veters auf den Sohn über...

Januar des Jahres 1863. Versuchen wir uns doch in die Situation zu versetzen, in die Stimmungen und Vorkommnisse, die unsere Urväter in den Kampf des Winterabends am 22. Januar 1863 hineintrieben. Als nach 25 Jahren des andauernden Kriegszustandes dieser 1856 abgeschafft wurde, verringerte sich zwar das Elend, doch die Sensibilität der Menschen war gewachsen. Es kommt oft vor, daß ein Volk klaglos und scheinbar unsensibel die quälendsten Gesetze erträgt, doch danach versucht es, das Joch, auch wenn es leichter wird, mit aller Kraft abzuschütteln. Das Übel, das als etwas Unausweichliches ertragen wurde, erscheint als etwas Unmögliches, wenn klar wird, daß man sich dessen entledigen kann. In der Gesellschaft begann die moralische Revolution. Christliche Werte, bis dahin oft nur deklariert, wurden zum Inhalt des Lebens.

Die Menschen fingen wie nie zuvor an, sich in den Kirchen zu versammeln und feierlich die Jahrestage, die früher verboten waren, zu feiern. Als man zum dreißigjährigen Jahrestag des Novemberaufstandes nach der heiligen Messe in der Karmeliten-Kirche die Menschen ermunterte, sich nochmals zu versammeln, kamen spontan Tausende von Bewohnern Warschaus. Auf ein Zeichen, ungeachtet des Straßendrecks, knieten sich alle mit Tränen in den Augen auf die Steine und sangen: «Gott, der Du Polen...»

Die patriotischen Gefühle stiegen an. Die Menschen nahmen den starken Ruf in die Herzen auf: «Heimat, Freiheit, gib uns zurück, o Herr». Von diesem Zeitpunkt an wurden die patriotischen Gefühle zu den verschiedensten Gelegenheiten demonstriert. Die Regierung hatte jedoch diese Gefühle nicht verstanden, oder sie wollte sie nicht verstehen. Sie glaubte, daß alles, was in Polen geschah, ein Ergebnis der Agitation aus dem Westen war. Für die Regierung, die daran gewöhnt war, daß das Volk arbeitete und schwieg, war die Lawine der patriotischen Kundgebungen eine Überraschung. Sie hatte sich entschlossen, von der Macht Gebrauch zu machen. Am 27. Februar 1861, als die Menschen die Kirche in Leszno verließen, sind 55 Schüsse gefallen. Fünf Männer wurden ermordet, und mehrere Personen wurden verletzt. Der Patriotismus der Nation ist zurückzuführen auf die Sorge um die Wiederherstellung der vollen Freiheit in der Heimat. Die Nation suchte nicht Konfrontation, trotz der Tragödie suchte sie Verständigung mit der Regierung, die den Eroberern diente. Dieser unmißverständliche Wunsch wurde an die Adresse des Zaren gerichtet. In die Regierung wurde ein Pole eingeführt, Markgraf Wielkopolski, offenbar ein Mensch, der das volle Vertrauen Petersburgs hatte. Von Anfang an wurde er für einen Verräter und Intriganten gehalten. Leider hat sich bald herausgestellt, daß das richtig war. Er versuchte zielbewußt, das Volk zu entzweien. Niemand glaubte ihm, und die Reformen, welche er einzuführen versuchte, wurden abgelehnt. Danach begann die Auflösung verschiedener Formen der selbstverwaltenden Organisationen, die in der Zeit der sogenannten 'polnischen Tage' entstanden waren und die Unterstützung des Volkes gewonnen hatten.

Wiederum gab es Opfer unter den unschuldigen Menschen. Das Volk wurde immer mehr gedemütigt. Straßenkundgebungen fanden nicht mehr statt. Man hörte auf, die patriotischen Embleme zu tragen. Scheinbar herrschte Ruhe. Dies war jedoch nur eine Täuschung. Es dauerte nicht lange. Man manifestierte den Patriotismus in der Kirche, und die Bemühungen der Bischöfe, diesen Kundgebungen ein Ende zu setzen, waren erfolglos. Die Kundgebung zum Anlaß des Begräbnisses des Bischofs Fialkowski und die Ankündigung der Kundgebung zum Jahrestag des Todes von Tadeusz Kosciuszko, waren die unmittelbaren Ursachen zur Einführung des Kriegszustandes am 14. Oktober. Die Regierung irrte sich, als sie glaubte, daß die drakonischen Vorschriften des Kriegszustandes einerseits und leere Versprechungen andererseits die Gemüter abkühlen würden. Schon am nächsten Tag strömten Tausende in die Kirchen. Als die verbotene Hymne ertönte, wurde dem Militär befohlen, die Kirchen einzukreisen. In der Nacht wurde unter dem Einfluß des Polen hassenden Generalgouverneurs der Entschluß gefaßt, die Kirchen mit Gewalt zu erobern. Betrunkene und verhetzte Soldaten stürzten sich auf das betende Volk.

1687 Männer wurden festgenommen. Die Kosakenstreifen schlugen jeden in der Stadt angetroffenen Passanten nieder. Die Ausrufung des Kriegszustands und die Ereignisse vom 15. Oktober überzeugten auch diejenigen, die bis zu dieser Zeit bereit waren, alle Kompromisse einzugehen, daß eine Verständigung mit der Regierung nicht möglich war. Wielkopolski, unsensibel, wenn es um das Verspüren von gesellschaftlichen Stimmungen im Volke ging, konnte nicht verstehen, daß Rachsucht und Skrupellosigkeit in der Politik keinen Erfolg bringen. Sogar sein Anhänger Przyborski behauptete, daß eine Regierung, die mit Befehlen ihre Mitglieder zur Loyalität zwingt, aufhört, eine Regierung zu sein.

Am Abend des 22. Januar 1863 begann der bewaffnete Aufstand, der, obwohl er niedergeschlagen wurde, den Polen ein Gefühl der eigenen Identität, das Bewußtsein, das Erbe der Ahnen anzutreten, das Bewußtsein des nationalen Strebens gab. Das Korn ist auf fruchtbaren polnischen Boden gefallen. Im Bewußtsein der Polen blieb der Drang nach Freiheit. Wie der Dichter sagte: «Wenn der Kampf um die Freiheit einmal beginnt, geht er mit dem Blut des Vaters auf den Sohn über...»

Der Erste Weltkrieg begann. Dieser Krieg war der einzige in den letzten zweihundert Jahren, den Polen gewonnen hatte. Ein Krieg, nach dem uns keine neue Staatsform und keine Regierung aufgezwungen wurden. Und als kurz danach vom Osten eine neue Gefahr diese Freiheit bedrohte, stand das ganze Volk auf, um sie zu verteidigen. Damals zeigte die Heilige Mutter am Tag der Himmelfahrt auf wundersame Art und Weise, daß sie die Königin von Polen ist. Mit ihrer Hilfe siegte die polnische Armee in der Nähe von Warschau, und dieser Sieg ist in der Erinnerung des Volkes als das 'Wunder an der Weichsel' geblieben. Im Sommer 1944, während der deutschen Besatzung, raffte sich die Bevölkerung von Warschau zum bewaffneten Aufstand gegen die Nazimacht auf. Dieser Aufstand kostete nur deswegen so viele Menschenleben, weil Warschau von seinen Verbündeten im Stich gelassen wurde. Statt zu helfen, standen sie am anderen Weichselufer und schauten zu, wie man verblutete und starb. Die verlassene Bevölkerung von Warschau opferte auf dem Altar der nationalen Freiheit ihre besten Söhne.

Der Dichter Jerzy Zagorski sprach über die Straßen von Warschau in einem seiner Gedichte:

«Nimm in die Hand ein Häufchen Erde,
drücke sie fest, siehst du Blut fließen.
In dieser mit Blut getränkten Erde
ist jede Schicht Märtyrerknochen,
eine Reliquie, ein goldener Engel.»

Der Drang nach Freiheit hörte mit dem Zweiten Weltkrieg nicht auf. Die Nation erlebte immer wieder weitere Aufstände. Man kämpfte um das Recht der Freiheit und um die menschliche Würde viel mehr als um das tägliche Brot. Man kämpfte um diese menschlichen Rechte, denn sie wurden nicht geachtet.

Im letzten Jahr seines Lebens sagte der verstorbene Primas Kardinal Wyszynski: «Die Arbeiterwelt erlebte in dem letzten Jahrzehnt viele Enttäuschungen und Einschränkungen. Das arbeitende Volk, die ganze Gesellschaft erlebte in Polen eine ständige Verletzung der menschlichen Grundrechte. - Die Einschränkung der Gedankenfreiheit, der Weltanschauung, der Glaubensfreiheit und der Erziehung der jungen Generation. Dies alles war unterdrückt. Man schaffte eine besondere Art von Menschen, die man zum Schweigen und zur effektiven Arbeit zwang. Als dieser Druck und der Zwang die Menschen total ermüdete, kam die Zeit des Kampfes um die Freiheit. Es entstand Solidarnosc. Ein zeitgenössischer Dichter schrieb:

«Noch nie so grausam
hat man unseren Rücken gepeitscht,
mit der Peitsche der Lüge und Heuchelei,
im Feuerschein der Öfen und dem Getöse der Maschinen.
Noch nie war das Gesicht des Verrats so deutlich zu sehen,
der am eisernen Tor lauert!»

Die Freiheit ist eine Realität, die Gott dem Menschen schenkte, indem er ihn zu seinem Ebenbild schuf. Ein Volk mit einer tausendjährigen christlichen Tradition wird immer nach der vollen Freiheit streben. Man kann den Drang nach Freiheit nicht mit Gewalt besiegen, denn die Gewalt ist die Kraft derjenigen, die die Wahrheit nicht kennen. Man kann den Menschen mit Gewalt gefügig machen, aber man kann ihn nicht knechten. Ein Gott und sein Land liebender Pole richtet sich nach jeder Demütigung auf, denn er hat nur vor Gott zu knien gelernt. Es gibt in der vergangenen sowie in der gegenwärtigen Geschichte genügend Beispiele dafür.

Wir erinnern uns an die Worte des Primas Kardinal Josef Glemp, der am 7. November des vergangenen Jahres in Lublin sagte: «Ein Volk, das Demütigungen erleidet, hat ein Recht zu protestieren, sein Recht zu verlangen, und hat ein Recht auf Selbstbestimmung.»

Wir beten heute, am 120. Jahrestag des Januar-Aufstandes, um die Fähigkeit, eine wahre Freiheit in uns selbst, in unseren Familien, in unserem Milieu, am Arbeitsplatz und in der ganzen Nation zu pflegen.

Solidarität der menschlichen Herzen

27. Februar 1983

Die Person Jesu Christi verkörperte die Worte des Propheten Jesaia in folgendem Vers: «Er schickte mich, damit ich den Armen eine gute Botschaft bringe, den Gefangenen die Freiheit verkünde, den Blinden das Augenlicht schenke, die Unterdrückten befreie.»

Das ganze Wirken von Jesus Christus sollte die Menschen darüber aufklären, daß sie für die Freiheit geschaffen worden sind, für die Freiheit der Kinder Gottes. Mit seinem irdischen Leben half Christus den Menschen, den Sinn und Wert des menschlichen Lebens, den Sinn und Wert des Leidens zu verstehen. Durch die Wunder, die seine göttliche Macht bewirkte, verringerte er die körperlichen und geistigen Leiden der Menschen. Er machte die Menschen für die Leiden und Schmerzen der Mitmenschen empfänglich.

Als Gott den Menschen schuf, gab er ihm die Freiheit, an ihn zu glauben oder ihn abzulehnen. Die Liebe würde nicht existieren, wenn wir zu ihr gezwungen wären. Woher kommen die Sklaverei und die Gefängnisse? Es gibt unsichtbare Gefängnisse, Gefängnisse, in denen geboren, gewachsen und gestorben wird. Es gibt Gefängnisse der Systeme und Gesellschaftsordnungen. Diese Gefängnisse vernichten nicht nur das Fleisch, sie reichen weiter, sie greifen nach der Seele, sie greifen tief nach der wahren Freiheit.

Der Mensch baute auch Gefängnisse aus Steinen, von Mauern und Stacheldraht umgeben. Indem der Mensch das System der göttlichen Werte vernichtete, schuf er die Notwendigkeit der Gefängnisse. Es ist aber nicht richtig, wenn man die Gefängnisse dazu benutzt, Menschen, die anders denken, anders fühlen, anders für das Wohl der Heimat sorgen, einzusperren.

Im Mai 1968 sagten die polnischen Bischöfe: «Aufgrund abweichender Gesinnung darf niemand als Feind verleumdet werden. Die Menschen als Feinde anzusehen, nur weil sie das Wohl der Nation auf andere Art und Weise anstreben, dient nicht der gesellschaftlichen Moral, sondern bringt das Volk um viele edle Kräfte und Initiativen, die das gesellschaftliche Leben auf verschiedenen Ebenen bereichern könnten.»

Diese Worte der Bischöfe klingen heute besonders aktuell, da in unserem Land sich die verurteilten Brüder und Schwestern und die auf ihr Urteil Wartenden in den Gefängnissen befinden, weil sie das Wohl der Heimat begehrten und für eine Gesinnung eintraten, die doch Millionen Polen gemeinsam ist. Der Heilige Vater Johannes Paul II. rief in seinem großen Gebet an die Mutter Gottes von Tschenstochau während des Kriegszustandes: «O Mutter, ich flehe Dich an, gib denen die Freiheit zurück, denen sie ungerecht genommen wurde.» Auch die Bischöfe äußerten mehrmals ihre Hoffnung, «daß der Kriegszustand bald zu Ende geht, die Internierten freigelassen werden und die Verurteilten für die Tätigkeit gegen die Gesetze des Kriegszustands begnadigt werden». (14.2.1982)

Ende des vergangenen Jahres ließ man die Internierten frei, aber nicht dank der Bemühungen der Bischöfe, sondern aufgrund des Appells der neu formierten Gewerkschaftssorganisation. Seit diesem Monat sind zwei Monate vergangen, und wir können immer noch nicht begreifen, warum man am Vortag des Weihnachtsfestes bei mehreren unserer Brüder die Internierung in eine Haftstrafe umwandelte. Warum mußten sie über ein Jahr im Internierungslager warten, um dann zu erfahren, daß sie wegen Handlungen, die sie nicht begangen hatten, angeklagt wurden? Sollte das ein symbolischer Prozeß gegen die ganze Solidarnosc werden?

Christus ist auf eine besondere Art mit den Leidenden zusammen. Er identifiziert sich mit ihnen, indem er sagt: «Ich war im Gefängnis, und ihr seid zu mir gekommen. Ich war hungrig, und ihr habt mir Essen gegeben!»

Christus ist auf eine besondere Art mit denen zusammen, die hinter den Gittern des Gefänisses an der Rakowiecka Straße an ihre Schwestern oder Mütter folgende Worte schreiben: «Mach dir meinetwegen keine Sorgen. Du mußt wissen, daß ich alles, was notwendig wird, ertragen kann. Ich bitte dich, bewahre deinen Glauben an Gottes Obhut und handle immer wie ein aufrichtiger Mensch und eine Polin. Beweise Mut und Geistesstärke, bete für mich und unsere Idee zur Mutter Gottes von Tschenstochau.» Es sind die Worte eines gefangenen Mitglieds der Solidarnosc. Auf diese Weise können nur Menschen denken, fühlen und schreiben, die ihren Idealen und ihrem Gewissen treu bleiben.

Wenn nun hinter den Gittern unsere Brüder in der Lage sind, ihren Nächsten das Vertrauen und den Glauben an Gott und die Treue der gerechten Sache gegenüber zu übermitteln, um so mehr sollten wir es tun. Denn wir haben die Möglichkeit, unsere Kräfte und unsere Herzen für das Wohl der anderen zu opfern.

Erinnern wir uns noch daran, daß unsere Brüder, die für ihre Taten gegen die Anordnungen des Kriegszustands verurteilt wurden und für deren Amnestie noch vor ein paar Wochen die Bischöfe einen Appell an den Staat gerichtet haben, die Arbeiterwürde verteidigten? Daß sie bis zum Schluß den Idealen und Träumen treu bleiben wolten, die noch im Jahr 1980 für Millionen galten?

Wie wichtig ist für sie und für uns die Gewißheit, daß eine Solidarität der menschlichen Herzen fortbesteht, daß ihre Sorgen auch unsere Sorgen sind, daß ihre Familien materielle und seelische Betreuung erhalten! Die Gewißheit, daß wir jeden Tag in unseren Familien im Abendgebet für die unschuldigen Gefangenen beten, beten um Kraft, Ausdauer und um Freiheit für sie; die Gewißheit, daß wir selbst beten und unsere Kinder für unsere nationalen Aufstände und Ideale beten lehren. Der Teufel wird auch in unserer Heimat sein Reich auf Erden festigen. Sein Reich der Verlogenheit, des Hasses und der Frucht, wenn wir uns alle nicht in Gott und seiner Gnade täglich stärken; wenn wir uns nicht mit Fürsorge und Liebe unserer in Gefängnissen unschuldig leidenden Brüdern und ihrer besorgten Familien annehmen. Es gibt gesellschaftliche Kreise, die die Familien der Gefangenen mit Fürsorge und Achtung umgeben. Aber es gibt auch solche, bei denen die Angst stärker ist als das Gefühl der moralischen Pflicht.

Denken wir an die Worte Christi: «Was immer ihr einem meiner geringsten Brüder getan habt, das habt ihr mir getan.»

Die Bischöfe setzen sich auch im heutigen Kommuniqué für eine Amnestie ein, die die Freilassung aller Gefangenen bewirken soll. Eine Amnestie, eine Absolution, kein Gnadenakt. Man kann nicht die Ketten von den Händen abschütteln, um die Seele damit zu bändigen.

Die in Fordon gefangenen Frauen schreiben: «Wir wollen unsere Freilassung, aber nicht um jeden Preis; nicht um den Preis des Verzichts auf die Ideale, nicht um den Preis des Selbstverrats und des Verrats von denen, die uns vertraut haben».

«Stellen wir die Wahrheit ans Licht», wie der Dichter sagt. Stellen wir das Leben in der Wahrheit an die erste Stelle, falls wir nicht wollen, daß unser Gewissen verkommt. Das Wort der Wahrheit, das Leben in der Wahrheit kann teuer zu stehen kommen und ist risikoreich. Wie der verstorbene Primas Kardinal Stefan Wyszynski sagte: «Nur die Spreu ist umsonst, für das Weizenkorn der Wahrheit muß bezahlt werden».

Wir dürfen unsere Ideale nicht für eine Schüssel warmer Linsen verkaufen. Wir dürfen unsere Ideale nicht auf Kosten unserer Brüder verlieren. Es hängt von dir, von uns allen ab, von unserer Sorge um die unschuldig gefangenen Brüder, von unserem täglichen Leben in der Wahrheit, wann die Zeit kommen wird, in der wir solidarisch und mit Liebe unser tägliches Brot teilen werden.

In der Zeit, in der unser Volk seine ganze Kraft braucht, um die

Freiheit zurückzugewinnen und zu bewahren, beten wir zu Gott, damit er uns mit der Kraft seines Geistes stärkt. Damit er im Volke den Geist der wahren Solidarität der menschlichen Herzen zum Leben erweckt. Diese Herzen sollen mit dem Herzen Gottes, das uns liebgewonnen hat, gemeinsam schlagen.

Die Versöhnung in Liebe und Gerechtigkeit

27. März 1983

Die heilige Messe ist die vollkommenste Form des Gebets, das die Gläubigen an den göttlichen Vater der Völker und Nationen richten. Mit unserem Gebet wollen wir Gott und den Menschen dienen. Wir wollen Gott in die schwierigen und schmerzlichen Probleme unserer Heimat einbeziehen.

Gott zu dienen heißt, zu den menschlichen Herzen einen Weg suchen. Gott zu dienen bedeutet, über das Böse so wie über eine Krankheit zu reden. Eine Krankheit, die man offenbaren soll, um sie zu heilen. Gott zu dienen bedeutet, das Böse und alle seine Anzeichen anzuprangern. Die bereits gelesene Beschreibung des Leidens und des Todes unseres Heilands zeigt uns, was Christus erleiden müßte, welche Mißhandlungen er von denen aushalten mußte, die die von ihm verkündeten Worte der Wahrheit nicht annehmen wollten, von denen, die ihn zu Unrecht zum Kreuzestod verurteilt haben. Das sollte seine Belohnung für seine Liebe und Hingabe zum Wohle der Menschheit sein.

Man hat vergessen oder man wollte nicht begreifen, daß man die Liebe und die Wahrheit zwar kreuzigen kann, nicht aber töten. Wahrheit und Liebe haben am Kreuz das Böse, den Tod und den Haß besiegt. Wir sind die Jünger Jesu, und deshalb verstehen wir, daß die Abwesenheit der Wahrheit und der Sieg des Hasses in unserer Heimat das gemeinsame Bauen des Vaterlandes behindern. Während der heiligen Messe in der Hauptstadt von El Salvador sagte der Heilige Vater: «Eine taktische Lüge wurde gegen den Dialog vorprogrammiert. Sie mißbraucht den Menschen, bedient sich falscher propagandistischer Formen und erweckt Aggressivität. Ein Dialog wird erfolglos, wenn die beiden Parteien Ideologien vertreten, die die menschliche Würde verleugnen. Wenn sie im Kampf die Triebkraft der Geschichte, in der Gewalt die Wahrheitsquelle und in der Aufteilung der Menschen in

Freunde und Feinde das A und O der Politik sehen. Ein Dialog ist keine Taktik, sondern eine aufrichtige Anstrengung, um eine Antwort auf die Fragen der von Betrübnis, Schmerz und Kriegsmüdigkeit ausgehungerten Menschen zu geben.» Das Problem, über das wir heute gemeinsam nachdenken möchten, ist ungewöhnlich schwer, aber die Zeit dafür ist reif. Vor zwei Tagen eröffnete der Heilige Vater das Jubiläumsjahr der Erlösung und der Versöhnung. Es besteht kein Zweifel, daß die Mehrheit der Bevölkerung eine Verständigung und Übereinkunft, die auf ehrlichen Bedingungen basieren, erwartet.

Die polnischen Bischöfe verlangten seit Beginn des Kriegszustands eine gesellschaftliche Verständigung und bestimmten klar und deutlich die Bedingungen dieser Verständigung. Sie verurteilten entschlossen alles, was diese Verständigung behinderte. Schon am. 15. Dezember 1981 stellten sie fest, daß die Entscheidung der Regierung über die Einführung des Kriegszustandes ein Schlag für die Bevölkerung und ihre Erwartung auf die Lösung der bestehenden Probleme unserer Heimat auf dem Wege der Verständigung bedeutete. Sie forderten konsequent die Notwendigkeit des Dialogs und das Ende der radikalen Maßnahmen, die die Ursache der Schlägerein, des Verlustes der Gesundheit und des Lebens sind. Sie erinnerten mehrmals daran, daß die Existenz der Gewerkschaft Solidarnosc, die die Rechte der Arbeitnehmer verteidigte, notwendig sei, um ein Gleichgewicht des gesellschaftlichen Lebens zu schaffen. Im Februar des vergangenen Jahres lehrten sie, daß zu den Parteien, die sich um Verständigung bemühen, die regierende Macht und die glaubwürdigen Vertreter verschiedener Organisationen, in diesem Falle auch die eine breite gesellschaftliche Bestätigung besitzende Gewerkschaft NSZZ Solidarnosc gehören. Als am 8. Oktober 1982 die bis jetzt berbotene gewerkschaftliche Organisation abgeschafft wurde, stellte der Primas in seiner Rede in Niepokalanow fest: «Ohne Konsultation mit der Arbeiterklasse, mit der die Kirche eng verbunden ist, schaffte man den wichtigsten Bestandteil der gesellschaftlichen Subjektivität und den ernsten Partner des authentischen Dialogs ab. Als die Solidarnosc als Gewerkschaft für illegal erklärt wurde, fügte man der Bevölkerung einen schweren Schmerz zu.»

Die Kirche verurteilte entschlossen den Mißbrauch der Macht, der gegen die Internierten in Marienwerder zum Vorschein kam, und den Versuch, die gesunden Internierten in eine psychiatrische Klinik einzuweisen. Die Kirche verurteilte scharf die Fälle, in denen bekannt wurde, daß die Menschen zur Unterschrift gewissenswidriger Deklarationen gezwungen wurden. Einerseits eine Verurteilung der Gewalt, des Bösen und andererseits ein Verlangen nach Verständigung, Vereinigung und Dialog. Was stört uns heute, was die Versöhnung unmöglich macht? Viele Menschen, die heute in der Kirche anwesend sind, könnten mehrere Gründe, die die nationale Versöhnung erschweren, aufzählen. Die Bitterkeit der Machtlosigkeit und der Demütigung, die viele von unseren Brüdern und Schwstern täglich erleben, erschwert die Versöhnung. Die Prozesse gegen die demokratisch gewählten Vertreter der Arbeiterwelt erschweren die Versöhnung. Falls sie eines Vergehens schuldig sind, können sie sich nur vor denen, die sie gewählt und ihnen vertraut haben, verantworten. Das Festhalten unserer Schwestern und Brüder in Gefängnissen aufgrund der andersartigen Auffassung erschwert die Versöhnung. Dies sind die Gründe für die Sehnsucht der Kinder nach ihren inhaftierten Müttern und Vätern, die Tränen der auf ihre Männer wartenden Frauen, Tränen der auf ihre Söhne und Töchter wartenden Mütter, getrennte Familien mit ihrer Besorgnis und ihrem Leid. Es erschwert die Versöhnung die Menschenjagd auf die nach dem patriotischen Gottesdienst nach Hause zurückkehrenden Leute. Es erschwert die Versöhnung eine Demonstration der Macht auf den Straßen, in der Nähe der in den Kirchen Betenden, wie es vor einem Monat in unserem Stadtteil geschah. Es erschwert die Versöhnung die Tatsache, daß die Jugend keine Möglichkeit hat, die Gestaltung ihrer Persönlichkeit nach gewählten Prinzipien zu realisieren. Sie hat keine Möglichkeit, das gesellschaftliche Leben im Kreis der Organisationen, die ihrer Weltanschauung entsprechen, kennenzulernen. Es erschweren die Versöhnung das Zerhacken und die Zensur der Artikel der katholischen Presse wie 'Tygodnik Powszechny', 'Gosc Niedzielny' und 'Niedziela'.

Es erschweren die Versöhnung die von den Personalchefs ausgestellten Urkunden, in denen es heißt, daß für das Organisieren der neuen Betriebsgewerkschaft der ehemalige Funktionär von Solidarnosc das doppelte Gehalt bekommt, und wenn er seinem Gewissen treu bleiben will und diese Tätigkeit ablehnt, bekommt, er ein Schreiben mit der Versetzung auf eine niedrigere Position. Das, was ich jetzt erzähle, ist kein Einmischen in die Politik. Dahinter verbirgt sich die Sorge des Vaters um die materielle Existenz seiner mehrköpfigen Familie. Man muß dieses dem Volk zugefügte Unrecht wiedergutmachen, sich mit der Absicht, einen gemeinsamen Ausweg zu finden, an einen Tisch setzen. Die Versöhnung muß ein gemeinsames Ziel verfolgen, das Wohl des Vaterlandes und die Achtung der menschlichen Würde. Man soll die Hände im Geist der Liebe, aber auch der Gerechtigkeit zur Versöhnung reichen. Der Heilige Vater sagte vor fünf Jahren: «Es gibt keine Liebe ohne Gerechtigkeit, die Liebe übersteigt die Gerechtigkeit und findet gleichzeitig in ihr die Bestätigung. Das Volk will die Versöhnung und Einigung, aber es will eine Garantie, keine Deklarationen haben. Es will eine Garantie, damit es nicht wieder betrogen und seine Mühe und Arbeit vergeudet wird. Diese Einigung darf keine Kapitulation werden, kein Verzicht auf Ideale, Sehnsüchte und den Glauben an die bessere und würdigere Zukunft.»

Die Karwoche und Ostern sollen für uns eine Zeit des Betens sein, in der wir die Kreuze unseres Leidens, Kreuze unserer Erlösung, das Siegeszeichen des Guten über das Böse, des Lebens über den Tod, der Liebe über den Haß erheben.

Für euch Brüder, die ihr in euren Herzen den bezahlten Haß hegt, soll diese Zeit eine Zeit des Nachdenkens darüber sein, daß die Gewalt nicht siegen kann, obwohl sie innerhalb einer gewissen Zeit triumphiert. Das beste Beispiel dafür haben wir im Kreuz Jesu. Dort herrschten auch die Gewalt und der Haß gegen die Wahrheit. Die aktive Liebe von Jesus Christus besiegte diese Gewalt und diesen Haß. Seien wir nun stark in der Liebe und beten wir für die verirrten Brüder. Verurteilen wir keine Personen, sondern verurteilen und demaskieren wir das Böse.

Bitten wir mit dem Wort Jesu als seine Gläubigen, mit den Worten, die er vom Kreuz herab gesprochen hat: «Gott, Vater, vergib ihnen, denn sie wissen nicht, was sie tun.»

Gib uns, Jesus, eine stärkere Empfindsamkeit für die Liebe - und gegen Gewalt und Haß.

Arbeit und Würde des Menschen

24. April 1983

Die Worte des Evangeliums, die wir soeben hörten, betreffen insbesondere den schwer arbeitenden Menschen. «Kommt alle zu mir, die ihr müde und beladen seid, und ich werde euch stärken.» Die schwer arbeitenden Menschen benötigen besonderes Verständnis für ihre Anstrengung, Mühe und ihren vergossenen Schweiß. Die Arbeit ist der unentbehrliche Begleiter des Menschen. Sie soll dem Menschen dienen, sie soll ihn veredeln. Dsshalb darf der Mensch kein Arbeitssklave sein, und er darf nicht nur als ökonomischer Wert betrachtet werden. Man darf im privaten, gesellschaftlichen und beruflichen Leben nicht nur auf materielle Werte bauen. Das Materielle darf nicht das Geistige übersteigen. Schon im Jahr 1904 fragte Stanislaw Witkiewicz: «Was macht die Kraft des Volkes aus? Die materiellen Errungenschaften oder die großen Ideale?» Und er antwortete: «Wenn im Leben einer Nation die Ideale und die Wertvorstellungen, die auf die fernen und großen noch zu erreichenden Ziele hinweisen, verschwinden, dann wird die Gesellschaft in kleine, nur im eigenen Interesse wirkende Gruppen zersplittert, in kleine, nach kleinen Zielen strebende Verbände.»

Je mehr eine Gesellschaft in sich gespalten ist, desto leichter kann man sie regieren, ist sie unschwer zu mißhandeln. Teile und regiere - diese Redewendung ist uns allen bekannt. Es ist leicht, eine Gesellschaft zu teilen, wenn es im Leben der Bürger kein richtiges Verhältnis zwischen dem Materiellen und dem Geistigen gibt. Der arbeitende Mensch soll durch seine Arbeit seinen Selbstwert steigern und die Materie veredeln.

Papst Pius XI. schrieb in seiner Enzyklika 'Quadragesimo anno': «Die Materie verläßt die Arbeiterwerkstatt veredelt, und der Mensch fühlt sich schlechter, elender, ausgelaugter, ein fünfzigjähriger Invalide.»

Versuchen wir heute gemeinsam zu überlegen, warum die Arbeit in unserem Land öfter kein Faktor der Menschenwürde und keine Bereicherung des Menschen ist. Was ist der Grund dafür, daß das Land, das in der Vergangenheit anderen Nationen behilflich war, heute in Schulden erstickt und die Hand nach Almosen ausstreckt? Wieso ist der Mensch nur ein Roboter, der die Verpflichtung hat, den Plänen der Theoretiker zu folgen, ohne den Mund aufzumachen? Jeder von uns kann mehrere Gründe dafür aufzählen. Hier einige davon:

1. Das Fehlen Gottes

Jahrzehntelang wurde um jeden Preis versucht, programmgemäß und amtlich Gott aus dem gesellschaftlichen Aufbau auszuschalten. Und wenn Gott fehlt, fehlen auch seine Gebote, fehlt die christliche, fest verwurzelte und durch die tauusendjährige Tradition unserer Heimat geprüfte Moral.

Gott, der Gebet und Arbeit vereinigt, hilft dem Menschen, den Sinn seines Lebens und seiner Mühsal zu sehen. Der schwer arbeitende Mensch, ohne Gott, ohne Gebet, ohne Ideale wird wie ein lahmer Vogel auf der Erde humpeln. Er kann sich nicht in die Lüfte erheben, um andere Möglichkeiten zu sehen, einen Sinn seines Daseins auf der Erde zu finden. Er wird wie ein verletzter Vogel um seinen Schnabel kreisen.

Der vor zwei Jahren verstorbene Primas verstand das sehr gut, als er sagte: «Öffnet die Tore der Fabriken, Werkstätten, Kliniken und anderer Arbeitsplätze - von der Spitze der Fabrikschornsteine bis in die Tiefe der Stollen -, um Gott hineinzulassen. Solidarnosc hat bewiesen, daß man beim gesellschaftlich-wirtschaftlichen Aufbau Gott nicht auszuschließen braucht.»

2. Das Fehlen der Gerechtigkeit und der Wahrheit, somit die Ungerechtigkeit und die Verlogenheit

Wenn die arbeitenden Menschen in eine Situation geraten, wo sie, um eine mehrköpfige Familie zu unterhalten, eine Nebentätigkeit ausüben und am Sonntag arbeiten müssen, bedeutet das Mord am menschlichen Gewissen. Das Familienleben wird vernichtet. Man stiehlt den Kindern die Zeit, die die Eltern für sie aufbringen sollten. Eine ehrliche Arbeit soll ehrlich und gerecht bezahlt werden. Um mehr zu verdienen, geht ein Bergmann am Sonntag auf Kosten der heiligen Messe, der Zeit für die Familie und der Freizeit arbeiten. Wird er am Montag ohne Erholung gut arbeiten können? Und er, der für die Arbeit am Sonntag doppelt bezahlt wurde, fragt sich selbst: Ich habe am Sonntag dieselbe Menge Kohle wie am Freitag gefördert und dafür mehr Geld bekommen. Wann wurde ich nun betrogen, am Freitag oder am Sonntag?

Wer ist für die beruflichen Deformationen verantwortlich, wenn behauptet wird, daß die Arbeit richtig verläuft und Erfolge aufzuweisen sind? Alleine der Arbeiter weiß, wie es in Wirklichkeit aussieht. Anstrengung und Arbeit verlangen eine innere Ruhe, gesunde moralische Prinzipien, sogar einen religiösen Antrieb und eine religiöse Motivation, um dem Menschen gut zu dienen. Eine Wirtschaftsökonomie benötigt eine Unterstützung der moralischen Kräfte. Der Arbeitgeber soll sich der Gerechtigkeit bedienen. Ein Mensch darf nicht seiner Arbeit oder eines höheren Postens beraubt werden, nur weil er anders denkt, jemanden an sein Gewissen erinnert, eine andere moralisch-politische als die vorgeschriebene Haltung hat und in Solidarnosc aktiv tätig war.

Dies alles hilft nicht, der wirtschaftlichen Krise zu entkommen, im Gegenteil, es vertieft sie noch.

3. Das Fehlen der Freiheit

Ich erinnere jetzt an ein schon einmal im Januar zitiertes Fragment aus der Rede des verstorbenen Primas Kardinal Stefan Wyszynski: «Die arbeitende Welt hat in den letzten Jahrzehnten viele Enttäuschungen und Einschränkungen erfahren. Die Arbeitnehmer wie auch die ganze Gesellschaft in Polen erlebten die Mißachtung der menschlichen Grundrechte, die Einschränkung der Gedankenfreiheit, der Weltanschauung, des Glaubensbekenntnisses und der Erziehung der jungen Generation. Dies alles wurde unterdrückt. In der Berufswelt wurde ein Modell des arbeitenden Menschen geschaffen, der zum Schweigen und zur Leistung gezwungen wurde.

Der persönliche Charakter des Arbeitsplatzes ist verlorengegangen. Und als aus dem Schmerz und der Mißhandlung der Arbeiter Solidarnosc geboren wurde, war dies nichts anderes als der große Schrei der Arbeiter nach Gerechtigkeit und das Bewußtsein, im eigenen Land und für sich selbst zu arbeiten, der große Schrei nach Respekt für die Arbeiter. In der Heimat fand ein Prozeß um das Erwachen des Bewußtseins statt. Wir wollen die Verantwortung für die Nation, ihr Schicksal, das gesellschaftliche Zusammenleben und sogar für den Charakter der Regierung, die nicht Gewaltherrschaft, sondern Diener sein sollte, tragen.

4. Das Fehlen der Achtung menschlicher Würde

Er kann den Ländern nicht gut gehen, in denen es möglich ist, Menschen zu mißhandeln, hinter dem Deckmantel augeblichen Rechts bösartig zu verurteilen, wo Gesetze nicht zum Wohl des Menschen, sondern oft gegen ihn gerichtet sind, geschaffen, um ihn zu quälen. Die Bischöfe haben an die Regierung wegen der die menschliche Würde verletzenden Gesetze appelliert. Schon im Altertum sprach sich Tacitus über dieses Thema aus, indem er schrieb: «Je kränker ein Staat ist, desto zahlreicher sind seine Gesetze und Anordnungen.»

Vielleicht lohnt es sich, die Krankheit woanders und nicht nur in der Gesellschaft zu suchen?

5. Das Fehlen der Liebe

Wo Ungerechtigkeit, Gewalt, Verlogenheit, Haß, Menschenverachtung herrschen, dort fehlt ein Platz für Liebe, Herz, Selbstlosigkeit und Verzicht.

Ohne diese Werte - was niemand vergessen darf - wird es schwer sein, den Sinn der Arbeit zu finden und das Land aus den zahlreichen Krisen herauszureißen. Liebe muß mit Mut eine Einheit bilden. Ich zitiere jetzt Fragmente des Werkes 'Das Heilige der beruflichen Arbeit' des verstorbenen Primas Wyszynski: «Erst dann erfüllt der Christ richtig und mit Würde seine Pflicht gegenüber dem Arbeitgeber, der Familie, der Nation und dem Staat, wenn er mutig ist, wenn er sich mutig zu seinen Prinzipien bekennt, sich derer nicht schämt und sich nicht wegen der Angst um das tägliche Brot verrät. Wehe einer Gesellschaft, deren Bürger keinen Mut besitzen! Der Mut macht aus den Menschen erst Bürger, weil nur ein mutiger Mensch über seine gesellschaftlichen Rechte und Pflichten Bescheid weiß. Der Mensch wird zum Bürger, wenn er seine Rechte in der Gesellschaft zu verteidigen weiß und mit ihrer Unterstützung seinen Pflichten gegenüber der Familie, dem Staat und der Religion nachgeht. Wenn der Bürger auf die Tugend des Mutes verzichtet, wird er zum Sklaven, der sich selbst, seiner menschlichen Persönlichkeit, seiner Familie, seinen Mitarbeitern, seinem Volk, dem Staat und der Kirche Unrecht zufügt, obwohl er nur durch Angst und des täglichen Brotes wegen von den Regierenden gewonnen wurde.

Wehe dem Herrscher, der den Bürger um den Preis der Verängstigung und der Sklavenfurcht gewinnen möchte! Er regiert dann nicht den Menschen, sondern nur Gegenstände. Wenn die Regierung verängstigte Bürger regiert, verliert sie an Autorität. Das nationale, kulturelle und berufliche Leben verarmt. Der Mut gehört zu den grundsätzlichen Elementen des gesellschaftlichen Lebens. Der Christ hat neben der Pflicht der christlichen Liebe die Pflicht zum Mut.»

Wir sollen in der Liebe, im Mut und in der Hoffnung stark sein. Wir sollten überzeugt sein, daß man aus der Geschichte des Volkes nichts streichen kann, was einmal geschah.

Wir sollten überzeugt sein, daß die Ereignisse der achtziger Jahre, die mit dem Wort Solidarnosc verbunden sind - wie der Heilige Vater am 3. Mai vergangenen Jahres sagte -, eine große Bedeutung im Leben der Nation haben, in ihrem Streben nach der Identität und ihrem Wollen, die eigene Zukunft alleine zu gestalten. Obwohl wir unsere Erfahrung gemacht haben, dürfen wir die Überzeugung nicht verlieren, daß auch diese Ereignisse, wie zum Beispiel die Verfassung vom 3. Mai, das Leben der Nation gestalten werden. Nur weil sie von ihrem Geist abstammen, ihrem Geist entsprechen und die Nation in ihrem eigenen Geist leben muß, wenn sie überhaupt leben soll!

Es kann uns heute passieren, wie schon öfter in der Geschichte, daß wir verloren haben, daß wir umsonst gekämpft haben, daß wir uns unnötig der Gefahr ausgesetzt haben. Wir müssen jedoch daran glauben, daß die Zeit kommen wird, in der unsere Anstrengung und unsere Mühe - heute noch erfolglos - Früchte tragen.

Ein Gebet an die Mutter, die alles versteht

29. Mai 1983

«Ein Gebet der gequälten Herzen ist immer erfolgreich und fruchtbar.» Wir stehen heute vor dem Altar Jesu Christi, und unsere Herzen sind voll Schmerz und Qual. Im Monat Mai, der der Mutter Gottes gewidmet ist, beten wir durch sie zu Gott. Die einfachen Worte unseres Gebets erfassen alles, was uns freut und schmerzt. Seit Jahrhunderten bist Du die polnische Königin. Seit Ewigkeiten bist Du unsere Mutter, seit dem Moment, in dem Dein am Kreuz sterbender Sohn zum heiligen Johannes sagte: «Hier ist deine Mutter.»

Unser Volk hat Dich vor tausend Jahren zu seiner Mutter erwählt, als der polnische Staat anfing, sich zu formieren. Du warst jahrhundertelang unsere Mutter und Königin. Du hast uns in der schweren, herrlichen, tragischen und schmerzlichen Geschichte unserer Nation begleitet. Du hast Deinen königlichen Thron und Dein mütterliches Heim selbst gewählt, als Du vor 600 Jahren in Deinem wundertätigen Bild der Schwarzen Madonna nach Jasna Gora gekommen bist. Du warst in der Schlacht von Grunwald bei uns, als die polnischen Ritter in einem blutigen Kampf die Kreuzritter besiegten. Du warst mit dem Volk, als der Pater Kordecki Jasna Gora gegen die schwedische Armee verteidigte. Du hast es bewirkt, daß sich von Jasna Gora, Gora des Sieges, eine patriotische Bewegung der Heimatliebe und des Kampfes gegen den Feind ausbreitete.

Du warst bei König Jan III. Sobieski, der vor seinem Kriegszug nach Wien gegen die Türken vor Deinem Altar in Tschenstochau um den Sieg betete. Du warst in der langen Zeit der Gefangenschaft Polens auf eine besondere Art und Weise anwesend, als man jede Spur des Polentums mit den verschiedensten Methoden verwischen wollte. An Dich hat die Dichterin gedacht, als sie schrieb:

«... mein kleiner Sohn, hör zu,
dafür, daß du ein Pole sein darfst,
polnisch beten darfst, hat sie das Polnische vor
dem Eroberern durch Jahrhunderte geschützt.»

Du warst beim Volk im Jahre 1920, als jeder zur Waffe griff, um die eroberte Freiheit vor der Überschwemmung durch die Bolschewiken zu retten. In dem ungleichen Kampf hast Du ein Wunder vollbracht, das in der Geschichte das Wunder an der Weichsel genannt wird.

Du warst bei uns auf eine besondere Art in der Zeit, als die Kirche in unserem Vaterland durch den verstorbenen Primas Kardinal Stefan Wyszynski geführt wurde. Du hast ihm im Kampf gegen den aufgezwungenen Atheismus und die Verweltlichung, im Kampf gegen das Ausreißen der Ideale aus den Herzen der Jugend, im Kampf gegen das amtliche Ausreißen des Göttlichen aus dem Leben der Nation geholfen. Du warst da und siegtest wie eine Königin, aber Du hast auch wie eine Mutter gelitten.

Du bist uns heute mehr Mutter als Königin. Weil wir heute besonders eine Mutter brauchen, die alles versteht, die uns die Tränen abwischt, den Schmerz lindert, die uns nicht erlaubt, die Hoffnung zu verlieren.

Und wieoft läßt diese Hoffnung nach, wenn das Böse in der Heimat sich straflos breitmacht. Wir brauchen Dich, Mutter, die Du die Tränen abtrocknest, weil es im letzten halben Jahr, seit der Dezembernacht 1981, viele Tränen gibt. Es gibt viele Tränen und viel Schmerz.

Vor einem Jahr, im Dir gewidmeten Monat Mai, sagten wir in dieser Kirche, daß eine neue Welle des Leidens, des Schmerzes und der Tränen unser Vaterland heimsucht.

Wir hatten die Hoffnung, daß wir trotz allem eine bessere Zukunft zu erwarten hätten. Doch der Teufel hat uns durch die, die ihm dienen, neues Leid zugefügt.

Es hat ihm nicht ausgereicht, daß viele unserer Brüder und Schwestern für 48 Stunden in den Gefängnissen eingesperrt waren, damit sie mit ihrem gradlinigen Denken die Stimmung des von der Regierung organisierten Arbeiterfestes nicht stören konnten. Es hat ihm nicht ausgereicht, daß man auf dem Platz Zamkowy die Wasserkanonen und die verhaßten motorisierten Einheiten aufstellte. Am Abend des 3. Mai, am Festtag der Königin von Polen, wagte er mit Hilfe einer Verbrecherbande das Kloster der Franziskanerschwestern zu attackieren. Es gab Verletzte unter den Menschen, die ihre Zeit und ihre Kräfte für die am meisten Benachteiligten des Kriegszustands, für die Gefangenen opferten. Das alles war dem Teufel zu wenig. Er ging weiter bis zu diesem Verbrechen, das die ganze Stadt erschütterte. Er hat ein junges, unschuldiges Leben auf grausame Art ausgelöscht. Er nahm einer Mutter ihren einzigen Sohn. Es hat ihm nicht ausgereicht, daß sie am 3. Mai während des Überfalls auf das Kloster verletzt wurde. In der Hauptstadt herrschte ein solidarisches Schweigen, das Tausende Herzen im Schmerz und im Gebet vereinigte. Es ergoß sich eine Flut von Tränen, die aufs neue den Boden der Solidarnosc bewässerte.

Wehe denen, die das Blut der unschuldigen Brüder vergießen. Das Blut der Unschuldigen wird nach der Gerechtigkeit Gottes rufen.

Eine Dichterin schrieb am Todestag von Grzegorz:

«Was sagt ihr,
wenn wir alle einmal vor
Gott stehen:
einerseits
eine lange Reihe polnischer Mütter -
andererseits
ihr, die Henker der Söhne?»

Wir hätten unser schmerzliches Gebet damit beenden können. Aber erlaube uns, unsere beste Mutter, daß wir noch einmal das wiederholen, was wir schon mehrfach sagten. Mutter, Du leidest mit unseren Brüdern und Schwestern, die sich aufgrund ihrer Gesinnung in den Gefängnissen befinden. Du leidest mit den Gefangenen, die keinen eigenen Status beistzen und wie Kriminelle behandelt werden. Du leidest, wenn unsere Brüder, die wir so hoch für ihre Treue zu den Idealen einschätzen, wie der Hüttenarbeiter Seweryn Jaworski, geschlagen und mißhandelt werden. Du leidest mit den Müttern, deren Kinder von denjenigen, die sich für die Garanten der Ordnung und Sicherheit halten, bedroht werden. Du weißt, Mutter, daß ein Volk, das in seiner Geschichte soviel gelitten hat, so viele Siege errungen hat, welches die europäische Kultur bereicherte, aus dessen Reihen so viele große Persönlichkeiten stammen, das der Welt den Papst, der die Welt erstaunte, gab, nicht mißhandelt werden darf!

So ein Volk darf man nicht mit Gewalt in die Knie zwingen. Das kann keine Teufelskraft vollbringen.

Dieses Volk bewies, daß es nur vor Gott in die Knie geht.

Deswegen glauben wir, daß sich Gott selbst für dieses Volk einsetzt.

Auf den Besuch des Heiligen Vaters in unserer und seiner Heimat wartend, sind wir voll Vertrauen, daß mit ihm der Heilige Geist unser Vaterland aufsuchen wird, das Antlitz der polnischen Erde erneuert und unser Gebet der gequälten Herzen unter der Führung des Heiligen Vaters erfolgreich sein wird.

Der Weg zum Sieg

26. Juni 1983

In der schwarzen Nacht, die über unsere Heimat herrscht, leuchtete ein Licht der Gottesgnade in der Person des Heiligen Vaters Johannes Paul II. auf, der unsere Heimat als Friedensbote besuchte. Ein Licht leuchtete über der ermattenden Hoffnung auf, über dem menschlichen Leid, den tragischen und schmerzlichen Erlebnissen der vergangenen anderthalb Jahre, der Demütigung der menschlichen Würde, der Unruhe der Eltern um das Schicksal und die Zukunft der Kinder und über allem, was schwierig ist.

Als er die heimatliche Erde wie die Hände einer geliebten Mutter küßte, sprach er folgende Worte: «Friede dir, Polen, du meine Heimat! Friede für dich!»

In der ganzen Zeit seines Aufenthaltes und seiner Pilgenmühsal zeigte er den Weg zum Frieden in unserem Land. Mit großer Würde, mit Verständnis und Mut beschäftigte er sich mit unseren täglichen Problemen. Wir möchten heute nicht über die Probleme sprechen, die diese Pilgerfahrt nicht gerade erleichterten. Wir möchten nicht über die Medien sprechen, die eine ungenügende Verantwortung für diese große nationale Angelegenheit bewiesen haben. Wir schweigen heute darüber.

Dagegen möchten wir mit unserem Gebet und unserem Glauben dem größten Polen in der tausendjährigen Geschichte unseres Landes huldigen.

Wir möchten schon heute darüber nachdenken, welch reiches Erbe er uns zum Nachdenken hinterlassen hat. Gott sei Dank, daß er auch uns, die in der Kirche von Zoliborz Versammelten, in unserer Überzeugung festigte, daß dieses Gebet für das Vaterland und für diejenigen, die für das Vaterland leiden, ein richtiger Weg gewesen war. Wir haben den richtigen Weg gewählt, indem wir jeden Monat um Frieden, Freiheit, Liebe und Gerechtigkeit, um Wahrheit, Hoffnung, Freiheit für die Gefangenen, Würde der menschlichen Arbeit, Pflege der Errungenschaften vom August 1980, den notwendigen Dialog und gesellschaftliches Übereinkommen gebetet haben.

Schon am Flughafen sagte der Heilige Vater bezeichnende Worte über Polen, indem er es eine besondere Mutter nannte, die viel gelitten hat und immer noch leidet. Gleich danach sagte er: «Ich bitte darum, daß in meiner Nähe diejenigen bleiben, die besonders schwer leiden. Ich bitte darum mit den Worten Jesu: Ich war krank, und ihr habt mich besucht, ich war im Gefängnis, und ihr seid zu mir gekommen (Mt 25, 36). Ich kann nicht persönlich alle Kranken, Gefangenen und Leidenden besuchen. Deswegen bitte ich sie, im Geist mir nah zu bleiben und mich so zu unterstützen, wie sie es immer taten. Ich bekomme viele Briefe, die das, besonders in letzter Zeit, bezeugen».

Diesem Aufruf folgten die Gefangenen von der Rakowiecka Straße, indem sie in der Zeit des Aufenthalts des Heiligen Vaters gefastet und gebetet haben. Während des Appells von Jasna Gora am 19. Juni betete der Heilige Vater mit einer Stimme voller Schmerz zur Mutter Gottes: «Ich bitte Dich, o Mutter meines Volkes, für die Leidenden und für die, die das Leid zufügen...»

Als er an dieser Stelle in Jasna Gora, wo die Polen sich immer frei fühlten, über die Freiheit sprach, sagte er unter anderem: «Als Gottes Söhne können wir keine Sklaven werden. Unsere göttliche Kindschaft birgt in sich das Erbe der Freiheit. Die Freiheit ist dem Menschen von Gott als Ausmaß seiner Herrlichkeit gegeben. Der Staat bleibt wirklich souverän, wenn er die Gesellschaft regiert und gleichzeitig dem gemeinsamen Wohl der Gesellschaft dient, wenn er dem Volk seine eigene Identität zu verwirklichen erlaubt.» Mehrere Male erinnerte er an die Errungenschaften vom August 1980 und sprach über die Notwendigkeit der Verständigung und des Dialogs auf gerade dieser Ebene.

Während des Treffens mit dem Premierminister im Belvédère sagte der Heilige Vater: «Obwohl das Leben in meiner Heimat seit dem 13. Dezember 1981 der strengen Ordnung des Kriegszustands unterworfen worden ist, höre ich nicht auf zu hoffen, daß diese vorausgesagte gesellschaftliche Erneuerung laut den im August 1981 ausgearbeiteten, in dem Abkommen beinhalteten Prinzipien einen Erfolg vorweisen wird. Diese Erneuerung ist notwendig, um den guten Ruf Polens in der Welt zu bestätigen, einen Ausweg aus der inneren Krise zu finden und den Söhnen und Töchtern dieses Volkes die Schmerzen zu ersparen.»

Also nun eine Verständigung über die Errungenschaften vom August 1980! Als er in Breslau über die Wahrheit und Gerechtigkeit sprach, sagte er, daß die Wahrheit eine Grundlage der Hoffnung und der Liebe sei. Im Namen der Liebe und nicht der Gewalt ist der Mensch fähig, die schwerste und anspruchsvollste Wahrheit zu empfangen. Das Vertrauen des Volkes gewinnt man mit Wahrheit und Liebe. Das Verlangen nach Gerechtigkeit in unserem Vaterland stammt von dem gesunden polnischen Geist, dem Würdegefühl für die menschliche Arbeit, der Liebe für das Vaterland und der Solidarität, die den Sinn des Gemeinwohls ausdrückt. In seiner Rede an die Arbeiter in Kattowitz sagte er: «Die ganze Welt beobachtete - und beobachtet weiter - das, was in Polen geschah und seit August 1980 geschieht.

Was die breite öffentliche Meinung besonders beschäftigte, war die Tatsache, daß es sich bei diesen Ereignissen vor allem um eine moralische, mit der menschlichen Arbeit verbundene Ordnung handelte und nicht um eine Gehaltserhöhung. Es war bemerkenswert, daß diese Ereignisse ohne Gewalt verliefen, daß niemand getötet oder verwundet wurde. Aber ebenso erstaunlich ist die Tatsache, daß die Ereignisse in der polnischen Arbeiterwelt der achtziger Jahre ein religiöses Gepräge hatten. Gesellschaftliche Gerechtigkeit beruht auf der Achtung und Verwirklichung der menschlichen Rechte gegenüber allen Mitgliedern der Gesellschaft.»

Der arbeitende Mensch hat viele Rechte. Die wichtigsten sind das Recht auf gerechte Bezahlung, das bedeutet eine Bezahlung, die für den Familienunterhalt ausreicht; das Recht auf Bildung der verschiedenen Berufsgewerkschaften. Dieses Recht, sagte der Heilige Vater, indem er den verstorbenen Primas zitierte, kann nicht verliehen werden, weil es angeboren ist. Deswegen kann der Staat dieses Recht nicht verleihen. Er hat nur die Pflicht, es zu schützen, damit es nicht angegriffen wird. Das Modell der Gewerkschaft darf nicht vom Staat aufgezwungen sein. Der arbeitende Mensch ist nicht nur ein Werkzeug der Produktion, sondern ein Subjekt. Der Mensch soll an erster Stelle stehen. Der arbeitende Mensch ist bereit, Opfer zu tragen, wenn er sich als Hausherr fühlt und Einfluß auf die gerechte Verteilung der gemeinsam hergestellten Güter hat.

Der Mensch kann nicht gut arbeiten, wenn er den Sinn dieser Arbeit nicht mehr sieht, wenn dieser Sinn für ihn nicht mehr klar ist und ihm versperrt wird. Wir sind mit dem Heiligen Vater, der in Jasna Gora zu der Jugend sprach, einer Meinung, daß wir kein Polen, das umsonst zu bekommen ist, haben möchten. Wir können dem Vaterland von unserem Leben viel geben, aber wir brauchen eine Garantie, daß unser Opfer nicht vergeudet wird. Wir möchten, daß die Regierung versteht, daß sie nur dann stark sein kann, wenn die Gesellschaft sie unterstützt. Und der Weg dorthin führt über die Achtung des Menschen, die Respektierung seiner Gesinnung und seines Gewissens.

Wir werden uns noch lange an die Worte des Heiligen Vaters, die er in Krakau sprach, erinnern: «Seid stark in der Macht des Glaubens. Seid stark in der Macht der Hoffnung. Seid stark in der Macht der Liebe, der Liebe, die alles übersteht.

Ein Volk, eine Menschengemeinschaft ist zum Sieg berufen worden, zum Sieg in der Macht des Glaubens, der Hoffnung auf die Liebe, zum Sieg in der Macht der Wahrheit, der Freiheit und der Gerechtigkeit.»

Es sind dies nur einige Gedanken des Heiligen Vaters auf dem Weg der besseren Zukunft für unsere Heimat, die er uns während seiner Pilgerfahrt zeigte. Wir werden jeden Monat während unseren heiligen Messen für das Vaterland seinen Gedanken folgen. Es hängt alleine von uns ab, wie wir den Weg, den er uns gezeigt hat, vorwärts gehen und ob wir auf diesem Weg unseren Platz finden. Deshalb werden wir uns die Worte des Psalms, die der Heilige Vater mehrere Male in Krakau wiederholte, zu Herzen nehmen: «Der Herr ist mein Hirte, auch wenn ich durch das dunkle Tal schreite, fürchte ich mich nicht, weil Du bei mir bist.»

Wir werden das Böse nicht fürchten, weil wir heute wissen, daß er, Johannes Paul II., mit ganzem Herzen und seiner ganzen Macht bei uns ist. Wir werden das Böse nicht fürchten, weil niemand sonst als der Herr selbst bei uns ist.

Freiheit, Wahrheit, Gerechtigkeit und Solidarität

28. August 1983

Heute, am dritten Jahrestag des Versuchs der Erneuerung unseres Vaterlandes, sollten eigentlich das Nachdenken und die Erinnerung an die heißen Tage im August 1980 genügen. Während dieser heißen Tage wurde die Solidarnosc des polnischen Volkes geboren. Sie entstand in der Sorge um das Vaterland, in der Sorge, im Schmerz und in der Unruhe des Herzens, in der Unsicherheit des Morgens und in der physischen und psychischen Qual, auf den Knien mit dem Rosenkranz in der Hand, auf den Knien an den Feldaltaren, mit den patriotischen und kirchlichen Liedern auf den Lippen, im patriotischen Aufstand der Arbeiter mit Unterstützung der Intelligenz und der Kulturwelt. So kam sie zur Welt, und in kurzer Zeit wuchs sie zu einem riesigen Baum. Obwohl ihm heute die Krone abgesägt und die Äste zerhackt wurden, hat er noch die Wurzel, eine starke Wurzel, die mit dem menschlichen Verstand und dem Herzen verwachsen ist. Deshalb wird sie immer wieder naue Äste wachsen lassen, und die Zukunft wird zeigen, daß sie noch da ist und lebt. Ich möchte, daß unser heutiges Gebet, unser Nachdenken außerhalb der Kirche, während des Zusammentreffens mit Freunden und im Betrieb Früchte bringt. Damit das alles, was gut, schön und edelmütig ist, sich in unserem Vaterland und in unserem täglichen Leben noch stärker vermehrt. Unsere Überlegungen am heutigen Jahrestag basieren auf den in ihrem Inhalt so wichtigen Worten: Freiheit, Wahrheit, Gerechtigkeit und Solidarität.

Die irdische Existenz von Christus hat den Menschen gezeigt, daß sie als Kinder Gottes für ein Leben in Freiheit geschaffen wurden. Gott hat den Menschen so frei geschaffen, daß er ihn anerkennen oder ablehnen kann. Die Freiheit ist also eine Gabe, die Gott dem Menschen bei seiner Geburt einprägte. Wenn das Recht auf Freiheit, besonders das Recht der Gewissensfreiheit nicht respektiert wird, ist das ein Vergehen gegen Gott selbst. Nach der Periode der besonderen Begrenzung der persönlichen Freiheit in unserem Vaterland hatte das Volk ein Recht darauf zu erwarten, daß die Beendigung des Kriegszustands und die Amnestie den gegenseitigen Groll und das Unrecht vergessen lassen würde. Das Volk hatte das Recht zu erwarten, daß die Zeit des gemeinsamen und einmütigen Aufbauens des Vaterlandes beginnen würde. Um diesen Erwartungen gerecht zu werden, hätte der Weg der Wahrheit gewählt werden müssen. Wahrheit bedeutet eine Übereinstimmung zwischen dem, was man sagt und dem, was man tut. Man kann Worte und Erklärungen über die wahre Verständigung nicht als Wahrheit annehmen, wenn die bürgerlichen Rechte gleichzeitig weiterhin eingeschränkt bleiben.

Die letzten Bestimmungen des Sejm sind bestimmt nicht für das Wohl der Bevölkerung und im Interesse der Gesellschaft festgelegt worden. Sie drehen den Bereich der bürgerlichen Freiheit nicht nur vor das Jahr 1981, sondern sogar vor das Jahr 1956 zurück. Sie greifen Gedankenfreiheit und Selbstbestimmungsrecht der Hochschulen, das unabhängige Denken der akademischen Jugend an. Sollte sich seit Jahrhunderten nichts geändert haben? Sollte Platon recht haben, wenn er sagte: «Jede Regierung beschließt die Gesetze im eigenen Interesse»?

Erinnern wir uns an einige Eigenschaften einer rechtmäßigen Regierung laut dem Buch 'Polen von den Toten erwecken, die Welt erlösen», herausgegeben durch PAX 1981:

Sie muß immer und unveränderlich als Diener fungieren, die Regierung im Verhältnis zum Volk, weil das Volk sich selbst gegenseitig dienen soll,

sie muß der Wahrheit und der Gerechtigkeit gehorsam bleiben,

sie muß wirklich imstande sein, das gemeinsame Glück zu bauen, von niemandem mehr verlangen, als er alleine und ohne Zwang von sich aus selbst geben kann. Sie sollte nicht gegenüber den Regierten zu Gewalt und Nötigung greifen.

Wie soll man eine Regierung beurteilen, die ihre Autorität mit Hilfe von unzähligen Vorschriften und Gesetzen wiederherstellen will?

Die Wahrheit ist eine Übereinstimmung der Worte und der Taten! Es ist wahr, daß der Mensch ein Werk Gottes ist, und er darf keinem anderen Zweck untergeordnet werden als seiner letztendlichen Vorherbestimmung des ewigen Lebens mit Gott. Es ist wahr, wie Lech Walesa in einem Gespräch mit dem Heiligen Vater am 27. Juni diesen Jahres sagte, daß die Zeit seit dem Aufstand im August 1980 die menschlichen Seelen veränderte. Das Volk ist sich seines Willens bewußt, und niemandem wird es gelingen, die innere Verwandlung rückgängig zu machen. Es ist wahr, daß die Solidarität unseres Volkes in Tränen, Schmerz, Unrecht, Arbeiterblut und in der Sorge um das Vaterland entstand.

Es ist wahr, daß die Augustverträge mit Solidarnosc abgeschlossen wurden, das heißt mit einer nationalen Bewegung und nicht mit der Gewerkschaft, die einige Monate später entstanden ist. Der Vertragsbruch, der auf eine schmerzliche Art vollzogen wurde, und die Gewaltanwendung in der Dezembernacht 1981 bedeuteten das Ende des Dialogs mit dem Volk.

Denn, so wie die Bischöfe am 15. Dezember, zwei Tage nach der Einführung des Kriegszustands festgestellt haben: «Diese Entscheidung der Regierung bedeutete einen Schicksalsschlag für die gesellschaftlichen Erwartungen und Hoffnungen, daß nur auf dem Weg der Verständigung die Probleme unserer Heimat gelöst werden könnten.»

Es ist wahr, daß die Solidarnosc ein Recht auf eine ungestörte Existenz hat, weil sie für ihr Bestehen einen hohen Preis gezahlt hat. Das Volk hat für sie gelitten, einige haben ihr Leben für sie geopfert. Viele zahlten mit dem Verlust ihrer Freiheit für lange Monate, viele wurden dazu verurteilt, ihre Heimat zu verlassen. Es befinden sich bis zum heutigen Tag in den Gefängnissen diejenigen, die ihrem Gewissen und ihrer Überzeugung treu geblieben sind.

Viele wurden gezwungen, eine mit ihrem Gewissen nicht zu vereinbarende Deklaration zu unterscheiben.

Darüber sprach der Primas am 6. Januar 1982: «Die Forderung, eine Deklaration über den Verzicht auf eine aktive Mitarbeit in der Solidarnosc zu unterschreiben, trifft immer größere Kreise der Arbeitnehmer, und im Falle einer Ablehnung wurde den Betroffenen gekündigt.»

Es ist wahr, wie der vor zwei Jahren verstorbene Primas sagte, «daß Solidarnosc in den wenigen Monaten mehr schaffte, als die geschickteste Politik je zustandebringen könnte».

Es ist wahr, daß der Gewerkschaft Solidarnosc in kürzester Zeit freiwillig und spontan Millionen beigetreten sind. Und wie sieht es heute aus? Ihr wißt am besten, was mit der neuen offiziellen Gewerkschaft, ungeachtet der verschiedenen von der Regierung angewandten Druckmittel, geschieht.

Das nächste Wort unserer Überlegung an diesem Jahrestag heißt:

Gerechtigkeit. Gerechtigkeit bedeutet gleiche Rechte für alle. Sie bedeutet eine gerechte Bezahlung für eine gut geleistete Arbeit. Sie schließt die Möglichkeit der Kündigung und Degradierung, angewendet als Druckmittel, aus.

Gerechtigkeit bedeutet die Gleichberechtigung vor dem Gesetz und die Unabhängigkeit der Gerichte. Sie bedeutet die Möglichkeit der Veröffentlichung in der Presse ohne Intervention durch die Zensur. Jetzt zitieren wir wieder den verstorbenen Kardinal: «Wenn der Feind die Kirche bekämpft, so dient ihm dieses wahrscheinlich im Kampf gegen das Volk.» Gerechtigkeit bedeutet die Möglichkeit der Erwiderung der Vorwürfe gegen Solidarnosc, die in dem Heft 'Porozumienia Sierpniowe' (Die Verständigung vom August) beinhaltet sind.

Gerechtigkeit bedeutet Pluralismus der Gewerkschaften und der schöpferischen Kreise ohne absolutistische Schutzherrschaft. Sie bedeutet ebenfalls die Gründung bestimmter Voraussetzungen für die Jugendlichen, nach denen sie ihre Persönlichkeit frei entfalten können, aufgezwungene Prinzipien ablehnen dürfen und das gesellschaftliche Leben in Jugendorganisationen, die ihrer Weltanschauung entsprechen, lernen. Dies war die Forderung der polnischen Bischöfe. Gerechtigkeit bedeutet Amnestie und vollständiger Erlaß der Strafe für Tätigkeiten gegen die Kriegsgesetze. Sie bedeutet eine gesellschaftliche Vereinbarung mit der Garantie, daß das Volk nicht zum wiederholten Male betrogen wird, daß die Zeit des Aufbaus für das Vaterland sich nicht in wenigen Jahren als eine Zeit der Fehler und Deformationen herausstellt, daß die Mühe und die Arbeit des Volkes nicht vergeudet wird.

Das nächste und letzte Wort unserer heutigen Überlegung heißt: Solidarität. Solidarität bedeutet die Einigkeit der Herzen und des Verstandes, verwurzelt in Idealen, welche imstande sind, die Welt zu verändern. Sie bedeutet die Hoffnung von Millionen Polen, eine starke Hoffnung, weil sie mit der Quelle jeglicher Hoffnung, mit Gott, verbunden ist.

Solidarität, wie der Heilige Vater nach seiner Rückkehr aus Afrika sagte, «bedeutet Einigkeit und Gemeinsamkeit, eine wesentliche Aufgabe, die sich die Polen der achtziger Jahre vorgenommen haben». Sie bedeutet den Ruf nach Achtung der menschlichen Würde und gleichzeitig die Wahrnehmung des Mitmenschen und seiner Probleme. Sie bedeutet die Sorge um die Gefangenen, das Verlangen nach ihrer Freiheit und die Betreuung ihrer Familien. Das heißt eine brüderliche Sorge um alle, die wegen unserer gemeinsamen Gesinnung diskriminiert und schikaniert werden. Sie ist eine Pflicht, das Böse und seine Mechanismen zu vernichten und die Jugend auf die verheimlichten historischen Wahrheiten unseres Vaterlandes aufmerksam zu machen.

Solidarität bedeutet eine ständige Sorge um das Vaterland, eine Bewahrung der inneren Freiheit, sogar unter den Bedingungen der äußeren Gefangenschaft. Sie bedeutet den Sieg über die Angst, das Eingeständnis der Richtigkeit unserer Überzeugung, die wir in den Herzen tragen.

Wir beenden unsere heutigen Überlegungen mit den Worten des Heiligen Vaters, die er noch als Bischof von Krakau aussprach und die ich schon einmal im Oktober des vergangenen Jahres zitierte: «Schwach ist das Volk, wenn es seine Niederlage zugibt, wenn es vergißt, daß es bestimmt war, zu wachen, bis seine Stunde schlägt. Denn die Stunden schlagen immer wieder auf dem Zifferblatt der Geschichte.»

Wir sollen daran denken, daß ein Volk stark ist, wenn es in seinem Leben und in seiner Heimat auf die Wahrheit, Liebe, Gerechtigkeit und die Solidarität der Herzen und des Verstandes baut, vereinigt im Gebet mit der Quelle dieser Werte, dem Vater der Völker und der Nationen: Gott.

Freiheit des Geistes und der Kultur

25. September 1983

Jesus Christus, obwohl er für die ganze Welt gesandt wurde, um die Frohe Botschaft allen Völkern und Nationen zu bringen, hatte seine irdische Heimat. Eine Heimat, die eine eigene Geschichte, Kultur und Religion hatte. Er hatte sich den rechtmäßigen Gesetzen dieser Heimat untergeordnet, obwohl er als Gott nicht verpflichtet war, sie zu beachten. Er wollte dadurch deutlich machen, wie wichtig für jeden Menschen das Bewußtsein ist, eine eigene Heimat zu haben. Jeder Mensch ist durch die Familie und seine Sprache mit der Heimat verbunden. Heimat bedeutet eine Gemeinsamkeit der nationalen Kultur, ihrer frohen und schmerzlichen Geschichte, einen Reichtum der Sprache, der Kunst, der Musikkultur, der Religion und der Bräuche. Ich möchte, daß wir heute über das Wort Kultur nachdenken. Es ist mir bewußt, daß dies ein unerschöpfliches Thema ist. In diesen wenigen Minuten will ich das Thema lediglich am Rande streifen. Der Heilige Vater Johannes Paul II. sagte während seiner ersten Pilgerfahrt durch die Heimat, indem er sich an die Jugend wandte: «Die Kultur ist der Ausdruck des Menschen und eine Bestätigung der Menschlichkeit. Der Mensch schafft die Kultur und durch die Kultur sich selbst. Die Kultur ist ein Gemeingut der Nation.»

Die polnische Kultur bedeutet ein Gut, auf das sich der seelische Reichtum der Polen stützt. Sie bestimmt die Geschichte des Vaterlandes stärker als die materielle Macht und die politischen Grenzen. Dank dieser Kultur ist sich das Volk treu geblieben, obwohl es seine Unabhängigkeit über viele Jahre verloren hatte. Es bewahrte immer seine geistige Unabhängigkeit.

Von Anfang an trägt die polnische Kultur deutliche christliche Merkmale. Das Christentum hatte immer seinen Widerhall in der Denkweise, Kunst, Poesie, Musik, Dramaturgie, Malerei und Bildhauerei gefunden. Die polnische Kultur hat über Jahrhunderte ihre Inspiration aus dem Evangelium geschöpft.

Adam Mickiewicz, unser nationaler Dichter, schrieb in seinen 'Büchern der polnischen Pilgerfahrt', daß die wahre Zivilisation, die des Menschen würdig ist, nur eine christliche sein darf.

Dank des Christentums sind wir mit der westlichen Kultur verbunden, und deswegen konnten wir uns im Laufe der Geschichte gegen alle anderen Kulturen der barbarischen Völker wehren. Wir konnten uns der Kultur, die uns von unseren *Freunden oder Feinden* aufgezwungen wurde, widersetzen. In der Nachkriegszeit wurde entschieden, daß Gott und das Evangelium aus dem Leben der Nation ausgeschlossen werden und die junge Generation ohne Gott erzogen werden sollte. Man hat vergessen, daß Gott nicht verpflichtet ist, irgendwelche Gesetze zu beachten. Heute wollen wir mutig für das Volk das Recht auf Gott, die Liebe, Gewissensfreiheit, Kultur und das nationale Erbe fordern. Man kann keine Geschichte ohne die vergangene Geschichte schaffen. Der christliche Weg unseres Volkes darf nicht vergessen werden. Die Wurzeln unserer über tausendjährigen Vergangenheit dürfen nicht abgeschnitten werden, denn ein Baum ohne Wurzeln fällt um, wie es in den letzten Jahrzehnten bewiesen wurde.

Die Nation darf nicht bis auf das Anfangsniveau zurückgeführt werden. Man darf nicht schweigen, wenn der Unterricht über die nationale Kultur, Literatur und Kunst an die letzte Stelle geschoben wird und die christliche Moral durch die sogenannte sozialistische Moral ersetzt wird. Man darf nicht schweigen, wenn die Lehrer in den Warschauer Schulen die katholischen Eltern darüber informieren, daß ihre Kinder im westlichen Geiste erzogen wurden.

Das bewußte Fernhalten der Kinder von der christlichen Wahrheit, die seit Jahrhunderten mit der polnischen Kultur verbunden ist, bedeutet das Fernhalten der Kinder vom Polentum und ist ein Prozeß der Entnationalisierung. Die Schule muß den Kindern und der Jugend die Liebe für das Vaterland und den Stolz auf die nationale Kultur beibringen. Die Schule darf keine übergeordnete Einrichtung sein, die nur die Gegenwart sieht. Sie muß eine Verbindung zwischen der Vergangenheit und der Zukunft des Vaterlandes herstellen. Falls die Schule diese Aufgabe nicht erfüllt, muß sie von den christlichen Familien übernommen werden. Die Kultur eines Volkes stellt ebenfalls seine Moral dar. Eine christliche Nation muß sich nach den Normen der christlichen Moral richten. Eine christliche Nation braucht keine sogenannte westliche Moral, weil sie ohne Hoffnung und ohne Gesicht ist, wie der verstorbene Primas sagte. Sie stellt eine Gefahr für die geistlichen Werte der Nation dar und schwächt die Kräfte, die für seine Einheit verantwortlich sind. Das Volk hat sich nicht unterkriegen lassen, ungeachtet der Teilung Polens, verlorener Aufstände, der Vertreibung nach Sibirien, der Entnationalisierung, der Russifikation, der Geschichte des Wagens von Drzymała und des Kulturkampfes, weil es seine Wurzeln tief in der jahrhundertelangen Geschichte verankert hat. Das Volk hat sich nicht unterkriegen lassen, weil es von der Geschichte und Kultur der vergangenen Jahrhunderte profitierte. Was bringt dem Volk in seiner Zukunft die heute geschaffene Geschichte und Kultur? Wird sich das Volk von den verlogenen Artikeln der 'Rzeczypospolity', 'Trybuna Ludu' oder 'Argumenty' ernähren können? Was bringt es ihm, wenn die Jugendseelen der nationalen Kultur und der eigenen christlichen Geschichte beraubt werden, und das Verschweigen der historischen Fakten? Was bringt ihm das Anspucken der Solidarnosc, die falschen Vorwürfe gegen ihre durch das Volk demokratisch gewählten Führer, das Verbot der Kreuze in den Schulen und den Fabriken, worüber im heutigen Kommuniqué die Bischöfe sprachen. Alles, was gegen die nationale Kultur in einem christlichen Land ist, die Art und Weise des Regierens, die den christlichen Sitten und Gebräuchen fremd ist und gegen die Rechte des Menschen und der Familie geschieht, behindert die Entwicklung der Kultur. Nur ein seelisch freies und wahrheitsliebendes Volk kann überleben und die Zukunft gestalten, so wie sie die Aufständischen, die auf den Schlachtfeldern Gefallenen oder die Dichter, die wie Slowacki weit in die Zukunft, schauten, gestalteten. Der Dichter Slowacki, der in der Verbannung lebte, konnte die Zukunft Polens, das auf der Europakarte nicht existierte, voraussagen, konnte einen Polen auf dem Petrusthron ankündigen. Nur ein Volk, das einen gesunden Geist und ein empfindliches Gewissen hat, ist imstande, eine kühne Zukunft zu gestalten. Deswegen sollten wir die Freiheit unseres Geistes pflegen und uns nicht durch Furcht und Einschüchterung knechten lassen. Wir dürfen nicht, auch nicht in den kleinsten Angelegenheiten, das Vergiften des nationalen Geistes zulassen.

Schon Pawel aus Wlodkowic sagte, daß das Kulturgut und die geistigen Kräfte der Zukunft nicht mit Eisen und Schwert, mit Gewalt, Macht und Nötigung, sondern mit Freiheit, Liebe und Achtung der Gesetze errungen werden können. Die Menschen gewinnt man mit einem offenen Herzen und nicht mit der geballten Faust. Das wahre Wissen, die wahre Weisheit und die wahre Kultur vertragen keine Ketten. Der menschliche Verstand läßt sich nicht fesseln. Deswegen ist es verwunderlich, daß das Verwaltungswesen der Hochschulen oft eine größere Bedeutung hat als ein bedeutender, weltbekannter Professor. Es ist noch schlimmer, wie Kardinal Wyszynski sagte, wenn der Staat seine eigenen Leute hat, die über das richtungsgebundene und einwandfreie Denken der Wissenschaftler wachen. Das bedeutet ein Denken nicht im Sinne der Wahrheit, sondern im Sinne der Richtlinien der Politik. Jegliche Versuche, die Freiheit des menschlichen Verstandes, der die Kultur gestalten soll, zu fesseln, wirken schädigend auf sie.

Es wurden sich dessen unter Einfluß des patriotischen Arbeiteraufstandes von August 1980 die beruflichen Kulturschöpfer bewußt. Dies alles wurde den Schauspielern, Artisten und den Künstlern bewußt.

Ihr Gewissen erwachte, so wie das Gewissen der ganzen Nation, das in den letzten Jahrzehnten eingeschläfert wurde. Das Jahr 1980 war schwer, aber es zeigte große, im Volk schlummernde gute Eigenschaften wie Besonnenheit, Klugheit, Fähigkeit und Kooperation. Das gesellschaftliche, berufliche, wirtschaftliche, kulturelle und politische Gewissen erwachte. Das Gewissen der schöpferischen Kreise erwachte ebenfalls. Sie fingen an, auf ihre ungezwungene Art zu sprechen. Sie beschlossen, der Wahrheit zu dienen, zu dienen mit ihrem Talent, um dem Vaterland, dem die Urväter schon dienten, dem Vaterland Polen ohne Vorbehalte zu helfen. Dort, wo die Lüge schon fast amtlich gepflegt wird, ist kein Platz für die Wahrheit, die die Lüge demaskiert und verneint. Und aus diesem Grund begann auf neue der Kampf gegen die Wahrheit und Wortfreiheit, gegen Gedankenfreiheit und die Weltanschauung, welche laut und deutlich unter dem Einfluß des erwachten Gewissens ausgesprochen wurde. Jedem Verlangen nach menschlichen Rechten wurden feindselige Tätigkeiten unterstellt. Im Jahre 1978 hatte schon Primas Wyszynski in einem Brief an Minister Kakol geschrieben, «daß die Verteidigung der Gesetze nicht nur eine politische Bemühung ist, sondern die Pflicht des Bürgers, und daß die Feinde des sozialistischen Landes unter den Schweigenden und nicht unter denen, die die Wahrheit über Polen verbreiten, zu suchen sind».

Das einmal geweckte Gewissen unterscheidet leichter zwischen Wahrheit und Lüge, zwischen Weizen und Spreu. Es versteht leichter, daß die großen Parolen und die entfalteten Fahnen sinnlos sind, wenn in der gleichen Zeit in den Gefängnissen die Brüder mit dem geweckten Gewissen, die sich um das Vaterland sorgten, wie der Warschauer Hüttenarbeiter Seweryn Jaworski, festgehelten werden, wenn immer neue Verhaftungen und Kündigungen stattfinden, wenn für die Bewachung und die Beschattung anderer ein Stab von Menschen benötigt wird.

In der letzten Zeit dienten für uns als Beispiel die kulturschöpferischen Kreise, besonders die Schauspieler, die nach dem 13. Dezember 1981 beispielhafte Geistesstärke, Opferbereitschaft und Mut bewiesen haben. Heute schaut die Kirche mit Besorgnis auf die neue Bedrohung für die Entwicklung der polnischen Kultur. Die Bischöfe haben mehrfach zum Ausdruck gebracht, daß die Grundlage für die gesellschaftliche Übereinkunft Religion und Kultur sind. Deswegen ist die Sicherung der vollen Freiheit für das religiöse Leben und die Entwicklung der Kultur notwendig. Ein konkreter Ausdruck dafür war die Herausgabe der katholischen Publikationen für den Bedarf der Gläubigen und die Garantie der Vielfältigkeit des kulturellen Schaffens (27. Februar 1982). Im Februar dieses Jahres hat die Regierung erklärt, daß sie mit großer Besorgnis die Probleme der kulturschöpferischen Kreise, deren Teilnahme am Leben des Landes unentbehrlich ist, verfolgt. Die kultur- und kunstschaffenden Menschen müssen die Lebens-, Arbeits- und Vereinigungsbedingungen garantiert wissen (Februar 83). Unverständlich und ungerecht sind deshalb die Entschlüsse zur Auflösung der Schauspieler-, Künstler-, Journalisten- und letztlich der Literatenverbände. Der Literaturverband existierte doch ununterbrochen seit 60 Jahren, seit seiner Gründung durch Stefan Zeromski. Diese Entscheidungen sind unverständlich und ungerecht, um so mehr, als die Statuten dieser Verbände dieselbe Regierung bewilligte und keiner dieser Verbände seine Statuten seit dem Kriegszustand änderte. Es ergibt sich die Frage: Wie soll man die Feststellung verstehen, die der 'Militärische Rat der nationalen Rettung' in seiner Kriegszustandsproklamation traf, daß die Verbände ihre Tätigkeit im Rahmen der bestehenden Statuten wiederaufnehmen können? Die Entwicklung der Kultur wird durch die übermäßig entwickelte Zensur behindert, die besonders in katholischen Veröffentlichungen - ich unterstreiche katholische und nicht pseudokatholische - Worte, Sätze und ganze Artikel, wahre und kühne Gedanken streicht.

Sie streicht das, was die in die Wahrheit getauchten Federn geschrieben haben. Dennoch, Worte müssen wahr sein, um zu leben. Denn verlogene Worte erweisen sich schon am nächsten Tag als Unrat, auch wenn sie millionenfach vervielfältigt waren. Ein falsches Zeugnis über unsere Gegenwart wird in der zukünftigen Geschichte die durch die Zensur zerhackten katholischen Veröffentlichungen darstellen. Kultur bedeutet einen ehrlichen Dialog und Gedankenaustausch, ehrlichen Meinungsstreit und kein Gezänk beruflicher Querulanten, die sich einseitig der Massenmedien bedienen, um andere anzuspucken. Unser Primas sprach darüber vor drei Wochen in Tschenstochau. Wir beenden unsere heutigen Überlegungen mit den Worten aus dem Gebet des Heiligen Vaters, die er am 31. März des vergangenen Jahres, indem er sich an die Mutter Gottes wandte, sprach: «Dir, o Mutter von Jasna Gora, vertrauen wir auf eine besondere Art und Weise Gegenwart und Zukunft der polnischen Kultur an. In ihr soll sich in vollem Umfang das Leben der Nation entwickeln und entfalten.»

Wir danken dir, Heiliger Vater!

30. Oktober 1983

Heiliger Vater, wir möchten in diesem Brief unsere Dankbarkeit für deine Güte, Klugheit, deinen Glauben, deine Hoffnung und deine grenzenlose Liebe und unsere Dankbarkeit für den besten Sohn des Volkes zum Ausdruck bringen. Wir möchten dir das, was uns allmonatlich in dieser Kirche versammelt, opfern: Wir möchten dir unsere Liebe zu Gott und Vaterland opfern. Wir möchten dir dafür danken, daß du schon am ersten Tag deines Pontifikats die Welt aufgefordert hast, Christus weit die Tür zu öffnen. Wir danken für die Gnade des Heiligen Geistes, die unser Vaterland während deiner ersten Pilgerfahrt durch dein Gebet und deine Worte erreicht hat. Wir erinnern uns an deine Worte, die du in Warschau gesprochen hast: «Laß Deinen Geist heruntersteigen und das Antlitz des Landes erneuern, dieses Landes.»

Wir danken für deinen Segen und die nationale Wiederfindung, die die moralische Erneuerung brachten. Eine Erneuerung, die trotz verschiedener Erfahrungen bis heute andauert. Während dieser Zeit der Knechtschaft des Volkes warst und bist du derjenige gewesen, der in uns die Hoffnung auf den Sieg des Guten über das Böse, der Liebe über die Gewalt, der Wahrheit über die Lüge stärkst.

Deine große Sorge um die Angelegenheiten deines Vaterlandes

brachtest du im Gebet über den Kriegszustand an die Königin von Polen, Maria von Jasna Gora, zum Ausdruck. Du warst um uns alle besorgt. Du hast die Briefe der Internierten, die dich um deine Anwesenheit gebeten haben, beantwortet. Deine Antwort hast du im Gebet ausgebrück: «Sei mit uns, Mutter, sei mit uns, die, ohne vor Gericht gestellt zu werden, zur Zwangsisolation verurteilt wurden, mit allen, die aufgrund der Gefangennahme des Nächsten leiden.»

Wenn statt der Internierung unseren Brüdern das Verlassen des Vaterlandes vorgeschlagen wurde, hast du mit einer Stimme voller Schmerz gerufen: «In Polen darf kein Platz für Polen fehlen. Jeder Mensch hat das Recht auf seine Heimat. Niemand darf zur Emigration verurteilt werden.»

Wir sind sehr dankbar, daß du das uns so teure Wort Solidarnosc behütet hast. Du hast es immer auf den Transparenten bemerkt. Nach der Rückkehr aus Afrika hast du mit Ergriffenheit erzählt, daß du den großen Platz in der Stadt Kaduna in Nigeria nie vergessen wirst, wo unter Hunderttausenden von Menschen eine Gruppe Polen mit der weiß-roten Fahne und der Aufschrift 'Solidarnosc' stand. Du hast dabei erklärt, daß Solidarnosc nicht nur der Name des Kummers sei, sondern auch der Gemeinsamkeit und der Einigkeit. Es gibt keinen anderen Menschen, der so mutig das Böse und seine Mechanismen verurteilt. Wer kann so sehr die Probleme unseres Vaterlandes verstehen wie du, Heiliger Vater?

Dein Gebet war oft voller Leiden. «Seit dem 13. Dezember», sagtest du unter Tränen am Jahrestag des Attentats auf dich, «seit dem 13. Dezember leide ich mit meinem Volk.»

Am selben Tag hast du daran erinnert, daß der Staat seine Stärke nicht durch die Macht der Gewalt demonstrieren darf. Wir danken dir dafür, daß du dich für jedes Ereignis, das in der Heimat stattfand, interessiert hast. Mit Besorgnis dachtest du an diejenigen, die in den Gefängnissen in den Hungerstreik getreten sind. Unsere größte Dankbarkeit wollen wir dir, Heiliger Vater, für deine zweite Pilgerfahrt in die Heimat im Juni dieses Jahres erweisen; für deinen Kuß der heimatlichen Erde, die du wie die Hände der geliebten Mutter geküßt hast, für deinen Segen des Friedens und das Vorzeichen des Weges zum beständigen Frieden in der Heimat, für deinen Mut, alle Probleme mit denen wir leben, anfassen zu wollen.

Wir danken dir für deine Aussage im Belvédère, als du erklärt hast, daß eine Verständigung mit dem Volk nur durch die Anerkennung der Errungenschaften des Augustaufstandes von 1980 möglich ist und nicht durch systematische Beseitung dessen, was die Arbeiter mit ihrem Kampf erreicht haben. Besonders dankbar sind wir, die wir uns hier in der Kirche von Zoliborz zum Gebet für das Vaterland und die für das Vaterland Leidenden versammeln. Du hast uns in unserer Überzeugung gestärkt, daß wir den richtigen Weg gewählt haben, indem wir für den Frieden in der Heimat, die Wahrheit, Liebe, Gerechtigkeit, die Festigung der Hoffnung, Freiheit für die unschuldigen Gefangenen, die Würde der menschlichen Arbeit, Pflege der Ideale von 1980 und die Solidarität des Herzens und des Verstandes beten. Wir sind dankbar für die Worte der Ermutigung, gerichtet an die Jugend während des Appells von Jasna Gora in Tschenstochau. Wir bedauern sehr das Ausbleiben des Treffens mit der Jugend auf dem Schloßplatz in Warschau, wie es vor vier Jahren während deiner ersten Pilgerfahrt in der Heimat geschah.

Wir sind dankbar für die Erinnerung an die Worte des Primas Wyszynski, daß das Recht auf eine gewerkschaftliche Vereinigung ein angeborenes, von Gott verliehenes Recht ist. Der Staat kann uns dieses Recht nicht verleihen, hat aber die Pflicht, es zu schützen und zu überwachen. Wir sind dankbar für deine Worte, die du in Krakau ausgesprochen hast mit der Bitte um die Kraft des Glaubens, der Hoffnung und der Liebe, die alles erträgt. Du hast festgestellt, daß das Volk eine Gemeinschaft zum Siegen im Glauben, in der Hoffnung und Liebe, in Wahrheit, Freiheit und Gerechtigkeit ist. Wir sind dir dankbar für die Umarmung der Mutter des ermordeten Grzegorz und für deinen vor kurzem geschriebenen Brief an sie, indem wir lesen: «Liebe Frau. Ich glaube fest daran, daß gerade Sie, die Sie am tiefsten betroffen waren und den Schmerz um den Verlust des geliebten Sohnes kennen, helfen, den Kummer anderer zu lindern.»

Als im vergangenen Monat der Arbeiterführer Lech Walesa den Friedensnobelpreis erhielt, hast du diese Auszeichnung als eine der ganzen Nation angesehen, für des Volkes bewundernswerte Haltung in der Zeit der Mißhandlung der menschlichen Würde, der Verleumdung und der Ungerechtigkeit. Mit Freude hast du die herzlichsten Glückwünsche in deinem Telegramm geschrieben. Du hast betont, daß auf diese Art der Wille und die Anstrengungen für die Lösung der schweren Probleme der Arbeiterwelt und der polnischen Gesellschaft auf dem Weg des friedlichen Dialogs und der Zusammenarbeit belohnt worden sind. Während du im Vatikan deine Glückwünsche geschrieben hast, gab es hierzulande Leute, die trotz allem immer wieder mit unverständlicher Starrköpfigkeit versuchten, ihn zu verleumden und zu erniedrigen. Sie haben vergessen, daß sie dadurch die ganze patriotische Arbeiterwelt und die Idee des offenen Dialogs und der Verständigung vernichten. Wir erinnern uns an den 13. Mai 1981, an den Tag des Attentats auf dein Leben, als die ganze Welt in Schrecken erstarrte. Die ganze Nacht beteten die Menschen in den Kirchen von Warschau und ganz Polen für deine Genesung. Die Warschauer Hüttenarbeiter bauten vor dem Hütteneingang einen Feldaltar. Sie nahmen an der heiligen Messe teil und beteten für deine Genesung.

Wir bewunderten immer wieder deine Güte, als du noch am selben Tage deinem Attentäter vergeben hast, weil du wußtest, daß er nur ein blindes Werkzeug des aus der Entfernung handelnden Satans ist.

Wir sind dir dankbar, Heiliger Vater, für jedes deiner Worte, für jede freundliche Geste, für jede väterliche Mahnung und Rüge. Wir danken dir, daß du einem unserer im Ausland lebenden Landsleute, der die Leichtsinnigkeit der 'Extremisten' der Solidarnosc, die das Boot zu sehr aufschaukelten, kritisierte, geantwortet hast: «O ja, unsere Extremisten? Kosciuszko, Pilsudski...»

Wir danken dir für deine Nachfolge Christi in Liebe und heiliger Empörung. Du bist dem tadelnden Christus, der entschlossen die Heuchelei der Pharisäer kritisierte, ähnlich, indem du entschlossen auf den Artikel reagiert hast, in dem ein hoher Beamter eines befreundeten Landes zynisch geschrieben hatte: «Johannes Paul II. fordert angeblich den Frieden, es fällt uns aber schwer, daran zu glauben, weil er die Friedensbewegung nicht unterstützt.»

Du hast bei der nächsten Gelegenheit geantwortet, daß man Frieden nicht mit blindem Gehorsam der Gewalt, Einschüchterung und der Versklavung des Menschen und der Nation verwechseln darf. Du hast gesagt, daß nur derjenige ein richtiger Patriot ist, der anderen Nationen das Recht auf Patriotismus einräumt.

Du hast einmal in Castel Gandolfo gesagt, immer wenn du im Fernsehen siehst, wie die Bevölkerung von Warschau das Blumenkreuz auf dem Siegesplatz oder vor der Kirche der heiligen Anna herrichtet, bist du gerührt. Heute leiden wir mit dir, daß du um diese Freude gebracht worden bist. Statt Blumenkreuzen siehst du den seit langem geräumten Siegesplatz und an der Kirche der heiligen Anna verstärkte Polizeikontrollen.

Wir verfolgen jede deiner Pilgerfahrten und beneiden die anderen nicht immer katholischen Länder, daß sie die Möglichkeit haben, mit dir zu pilgern, deine Worte zu hören, wenn auch nur im Fernsehen.

Uns ist dies nicht gegeben, wenn du auch unser Landsmann bist und wir doch eher einen Anspruch darauf hätten.

Wir überlegen oft, warum zum Beispiel in Rio de Janeiro an der Stelle, wo du den Boden geküßt hast, eine Gedenktafel eingemauert wurde. Warum an allen Stellen der Welt und nicht in unserer Heimat? Wir erinnern heute an diese Dinge nach den ersten fünf Jahren deines

Pontifikats. Wir erinnern daran, um uns bewußt zu werden, was für eine große Gabe wir in deiner Person von Gott für die Welt und unser Vaterland erhalten haben.

Wir bitten dich heute, hör nicht auf, für dein und unser Vaterland, in dem immer noch soviel Ungerechtigkeit ist, in dem Menschen ohne Urteil in Gefängnissen festgehalten werden, während die Schuldigen sich der Freiheit erfreuen, zu beten. Hör nicht auf, für das Vaterland, in dem soviel Unfrieden und Verlogenheit herrscht, in dem sich aber gleichzeitig die Hoffnung und die Solidarität entwickelt, zu beten.

Zum Schluß bitten wir dich, so wie dich die Internierten gebeten haben, Heiliger Vater: Sei mit uns, sei mit uns im Gebet und mit dem Herzen, so wie wir heute mit dir sind.

Das Leid des Volkes bringt Früchte

27. November 1983

Der Kreuzestod von Jesus Christus war im Gegensatz zu der Meinung derjenigen, die ihn zum Tode verurteilt haben, keine Niederlage, sondern ein Sieg. Sein vergossenes Blut wurde zum Ursprung des Erlösung. Dieser Tod ermöglichte der Menschheit die Rückkehr in das Gottesreich, in den Himmel, in das Reich der Liebe, Gerechtigkeit und des Friedens. Mit dieser Aufgabe, das Gottesreich auf diesen Grundprinzipien zu bauen, beauftragte Jesus Christus alle, die mit ihm in dem Sakrament der Taufe ein Bündnis geschlossen haben. Das polnische Volk war seit über tausend Jahren mit Christus und seiner Lehre verbunden, war immer Gott, der Kirche und dem Vaterland treu. Die Parole 'Gott und das Vaterland' war ein unzertrennliches Element in der Geschichte unseres Volkes.

Das polnische Volk verstand es immer, das Opfer des Lebens und des Leidens mit dem Opfer Jesu Christi zu vereinigen. Dank dieser Vereinigung ging nichts verloren, sondern wurde zu einer nährenden Substanz der zukünftigen Generationen. In der Geschichte des polnischen Volkes wurde besonders in der Zeit der Teilung und der Aufstände viel Blut vergossen und viel Leid ertragen. Groß waren die Schmerzen des Volkes während des Zweiten Weltkrieges und des Aufstandes in Warschau 1944.

Das Leiden unseres Volkes nahm auch nach dem Zweiten Weltkrieg kein Ende, es endete auch nicht der Leidensweg in den faschistischen und sowjetischen Konzentrationslagern, wo Millionen Menschen ihr Leben gelassen haben. Das Volk begann das Vaterland aus den Trümmern aufzubauen.

Das Volk schaute mit Hoffnung, wenn auch durch Tränen auf eine bessere Zukunft. Mit Tränen in den Augen nicht nur deswegen, weil es ein Unmaß an Leiden ertragen hat, mit Tränen in den Augen auch deswegen, weil Polen in einem hohen Ausmaß einen Beitrag zur Beendigung des Krieges lieferte, zwar einer der Sieger war, aber ein Drittel seiner Gebiete verloren hat, nach denen die ewige Sehnsucht bleiben wird. Nach dem Zweiten Weltkrieg erbrachte unser Volk ein großes Opfer an Leiden und Blut. Dieses Opfer war um so größer, weil es mit den Händen der gegenwärtigen Kains ausgeführt wurde, die von der gleichen Mutter, ihrer Heimat, genährt waren.

Es ist unmöglich, hier alle Nachkriegsleiden aufzuführen. Sie alle kennt nur der barmherzige Gott. Schauen wir uns aber trotzdem einige an. Das Volk hat gelitten, als die besten Söhne Polens, der Untergrundorganisation und der Heimatarmee (AK), mit Verhören gequält wurden, zu vielen Jahren Gefängnis verurteilt wurden, viele die Todesstrafe erhielten, die oft vollstreckt wurde.

In dieser Zeit hat auch die Kirche gelitten. In den Gefängnissen befanden sich Bischöfe und Priester, denn der Kampf gegen die Kirche war erforderlich für den Kampf gegen das Volk.

Der verstorbene Kardinal Wyszynski wurde für viele Jahre wegen der Verteidigung der persönlichen Grundrechte des Menschen inhaftiert. Dieser große Staatsmann hat sich oft bemüht, trotz all dieser Unbill die Regeln des Evangeliums zu erfüllen, um das, was dem Cäsar gehört, ihm zu geben, und das göttliche Gebot zu beachten. Er konnte jedoch nicht weiter schweigen, als Cäsar immer mehr nach dem Göttlichen griff, nach den Gewissen und Seelen der Menschen.

Als der Leidenskelch voll war, haben die Menschen protestiert. In Posen im Jahre 1956 riefen die Arbeiter: «Wir wollen Brot, wir wollen Freiheit, wir wollen Religion!» Aus diesem Grund wurde auf sie geschossen. Unschuldiges Bruderblut wurde vergossen. Die Familien blieben verwaist, es wurde mit Verhören, Schlägen und Gefängnissen geantwortet. Die besten Söhne der Heimat wurden um den Preis von Leid und Blut rehabilitiert, einige leider erst nach ihrem Tod. Die Urheber des unschuldig vergossenen Blutes wurden nicht bestraft, die eigentlichen Konsequenzen daraus wurden nicht gezogen. Die angebliche Reue war hinterhältig, denn kurz darauf wurde wieder aufs neue angefangen, das Volk zu unterdrücken und die Kirche zu isolieren. Es wurde versucht, die geistlichen Seminare zu schließen, man hatte ihnen den Status der Hochschulen genommen, um die Studenten aus den Seminaren holen zu können und sie dann anschließend für zwei Jahre zum Militär in Spezialeinheiten einzuziehen. Die akademische Jugend wurde getäuscht, viele mußten ihr Studium unterbrechen. Man hatte die Arbeiter mit den Studenten und der Intelligenz verfeindet. Durch die schmerzlichen Erfahrungen der Millenniumszeit, durch die schmerzlichen Erfahrungen der Jugend im Jahre 1968, durch die Bitterkeit und die Mißhandlungen ist der Leidenskelch 1970 voll geworden. Bei den anschließenden Protesten für die Freiheit, Gerechtigkeit und Wahrheit, für Brot und Liebe haben sich die Arbeiter von der Küste hervorgetan. Heute, angesichts des tragischen Dezembers 1970, vor den erschossenen Brüdern aus Danzig und Gdingen, vor dem unschuldig vergossenen Blut unserer Brüder senken wir demütig unsere Häupter.

Obwohl das Volk den feurigen Deklarationen nochmals ihren Glauben und das Vertrauen schenkte, mußten die Arbeiter der Ursus-Werke in Radom schon im Jahre 1976 um würdige Lebens- und Arbeitsbedingungen kämpfen. Sie mußten sich beleidigende Worte anhören, die Kündigung ihrer Arbeitsplätze gefallen lassen, erniedrigende Urteile hinnehmen, die nicht die Verurteilten, sondern die Urteilenden entwürdigten.

Dennoch bringen die Leiden des Volkes Früchte. Aus dem Blut und Schmerz des Bruders wächst ein neuer Volksstamm, Menschen, die aus Erfahrungen der vergangenen Jahre klüger geworden sind. Im August 1980 offenbarte sich das Reifen der Menschen, vereint im gemeinsamen Aufbau der Heimat. Solidarnosc hat gezeigt, daß ein mit Gott und den Brüdern vereintes Volk imstande ist, vieles zu erringen. Niemand soll behaupten, daß die Solidarität eine Niederlage erlitten hat. Sie geht langsam, aber stetig dem Sieg entgegen und wächst immer stärker in das Volk hinein. Sie müßte noch mehr leiden, sich abhärten wie das Gold im Schmelztiegel.

Aber der August des Jahres 1980 zeigte sich als der richtige Weg für die Menschen der neuen Generation, für die in Wahrheit, Nüchternheit, Mut und brüderlicher Liebe geeinten Polen. Wenn doch nur die Regierung die Worte Kardinal Wyszynski, seinerzeit an den Minister Kakol geschrieben, daß der potentielle Schädling des Volkes und des Systems derjenige ist, der die Wahreit verschweigt und lügt, verstehen wollte. Wenn sie verstehen würde, daß das menschliche Leben und das Leben des Volkes wie ein Ackerboden ist; wenn darauf Spreu verstreut wird, so wird nur Unkraut geerntet, wenn allerdings ein Korn gesät wird, ein Korn der Wahrheit, Liebe und Achtung der menschlichen Würde, dann wird geerntet, und zwar reichlich.

Wie anders könnte doch das Leben unserer Landsleute aussehen, sogar in der so schwierigen Wirklichkeit, in der wir uns nach dem Krieg befanden. Aber leider ist es nicht so. Gehen wir nun in unseren Überlegungen weiter.

Über die Leiden des Volkes seit dem 13. Dezember 1981 haben wir während der allmonatlichen heiligen Messe für die Heimat mehrmals erzählt. Erinnern wir uns heute an den unschuldigen Tod unserer Brüder, der Bergleute des Bergbaus Wujek, an den Tod in Lublin, Nowa Huta und in anderen Städten, an das grausame Verbrechen an Grzegorz Przemyk. Erinnern wir uns an die vielen Brüder und Schwestern, die geschlagen und ihrer menschlichen Würde beraubt wurden. Erinnern wir uns an die Internierungslager, die fast über ganz Polen verstreut sind, an die Tränen der Mütter, Väter, Kinder, Frauen und der Männer und an die schon seit zwei Jahren ohne Urteil gefangenen Führer der Solidarnosc. Erinnern wir uns an die, die schon seit vielen Monaten von ihren Familien getrennt sind, weil sie ihr Gewissen nicht verraten vollen und deswegen gezwungen sind, im Untergrund zu leben. Erinnern wir uns an die von ihrem Arbeitsplatz Entlassenen und an die, die sich um die materielle Sicherheit ihrer Familien sorgen. An die Jugend, die gezwungen wird, die Kreuze von den Schulwänden abzunehmen, Kreuze, die ein Symbol ihres Glaubens sind, an die Lehrer, die entlassen worden sind, weil sie der Jugend die gesunden Regeln des Patriotismus vermitteln wollten.

Erinnern wir uns an die Massenmedien, die mißbraucht wurden, um Lügen und Verleumdungen über von der Gesellschaft geschätzte Menschen zu verbreiten, an die die menschliche Würde erniedrigenden Schlangen vor den Geschäften, an die bezahlten Denunzianten.

An diesem Novemberabend wollen wir uns klarwerden über das Ausmaß des Leidens unserer Nation, die wir nicht verlorengehen lassen dürfen, sondern in einem demutsvollen und vertrauensvollen Gebet Gott in die Hand geben. Zu groß sind die Opfer in Form von Blut, Schmerz, Tränen und Mißhandlung, um nicht als Gottes Gabe in der Gestalt von Freiheit, Gerechtigkeit und Liebe zu uns zurückzukehren, um nicht zur Auferstehung des Vaterlandes zu führen, wie es 1918 geschah, als man nicht mehr daran glaubte, die drei Mächte, die sich Polen untereinander aufgeteilt hatten, zu besiegen. Das war nach menschlichem Ermessen unmöglich, doch Gott zeigte, daß es durch Gott möglich ist. Damit dieses Opfer eine größere Wirkung erzielt, ist unser persönliches Engagement notwendig. Vielleicht ist unser freiwilliger Verzicht noch zu gering, vielleicht ist unser Mut, das Übel zu demaskieren, zu gering, zu wenig Sorge um die Leidenden, Benachteiligten und Gefangenen. Vielleicht gibt es bei uns noch zuviel Egoismus und Angst und zu viele Verräter ohne eigene Meinung, die auf Kosten der anderen ihre Geschäfte abwickeln. Vielleicht gibt es immer noch zu wenig Menschen, die den Idealen, für die unsere Brüder ihr Blut vergossen haben, treu bleiben.

Der November 1918 soll eine Ermutigung für alle Mutlosen, Deprimierten und Erschrockenen sein. Er soll eine Ermutigung für die Arbeit an der eigenen Persönlichkeit sein, für die Festigung und Vermehrung der Hoffnung, daß Gott in jeder Situation fähig ist, ein Volk in die Freiheit zu führen, wenn das Volk Gott, der Kirche, dem Vaterland treu ist und im Glauben, in der Hoffnung, Liebe, Wahrheit und Solidarität lebt.

Der Frieden basiert auf Wahrheit und Liebe

25. Dezember 1983

An diesem Weihnachtsabend hätte es ausgereicht, sich anstelle der Predigt gegenseitig die Hände zu schütteln, sich tief in die Augen zu schauen, alle in Liebe zu umarmen, die Tränen der Leidenden zu bemerken, der unschuldig Gefangenen, der verwaisten Kinder, der vorzeitigen Witwen zu gedenken und ein Weihnachtslied zu singen. Das hätte ausgereicht. Wir hätten damit enden können.

Jedoch dieser Weihnachtstag erklingt mit der Botschaft des Engels: «Ehre sei Gott in der Höhe und Friede den Menschen auf Erden».

In der Weihnachtsnacht schenkte Gott der Menschheit den Frieden. Frieden auf Erden, Frieden des Herzens und des Gewissens. Frieden ist das höchste Gut, nach welchem sich die Menschheit sehnt.

Während der heiligen Messe für das Vaterland und für diejenigen, die für dieses Vaterland leiden, habe ich nicht die eigenen Weisheiten gepredigt, sondern richtete mich nach dem Evangelium, der Lehre unseres verstorbenen Primas Kardinals Stefan Wyszynski und des Heiligen Vaters Johannes Paul II. Bei meinen heutigen Überlegungen über den Frieden möchte ich mich vor allen Dingen der Worte des Heiligen Vaters bedienen. Der Heilige Vater Johannes XXIII. sagte in seiner Enzyklika 'Pacem in terris': «Friede muß auf Freiheit basieren, aufgebaut nach den Prinzipien der Gerechtigkeit, belebt und erfüllt durch die Liebe und verwirklicht im Klima der Freiheit.»

Der Heilige Vater Johannes Paul II. verkündete in seiner Botschaft zum Tag des Friedens diese von seinem Vorgänger genannte Wahrheit.

Ich lasse jetzt den Heiligen Vater, den besten Sohn unseres Volkes, sprechen: «Der Friede muß auf Wahrheit basieren. Eine Erneuerung der Wahrheit ist notwendig, falls man will, daß der einzelne Mensch, die Gruppen und die Nationen an der Macht des Friedens nicht zweifeln und die neuen Formen der Gewalt ablehnen. Die Wahrheit wiederherzustellen bedeutet, jeden Akt der Gewalt beim Namen zu nennen, egal in welcher Form er auftritt. Man muß den Totschlag beim Namen nennen, Totschlag bleibt immer Totschlag, und jeder Versuch, ihn politisch und ideologisch zu begründen, bedeutet Verlust der Seriosität des Staates. Die Wahrheit als Macht des Friedens zu verbreiten bedeutet, sich immer wieder zu bemühen, auf die Waffe der Lüge, auch für gute Zwecke, zu verzichten. Das Evangelium weist auf einen Zusammenhang zwischen Lüge und blutiger Gewalt hin: «Jetzt versucht ihr, mich zu töten, einen Menschen, der euch von aus Gott erfahrener Wahrheit berichtet.»

«Ihr übt die Taten eures Vaters aus... Ihr habt den Teufel zum Vater und wollt das Verlangen eures Vaters erfüllen. Von Anfang an war er ein Mörder und konnte die Wahrheit nicht ertragen, weil es keine Wahrheit in ihm gibt. Wenn er lügt, spricht er von sich aus, weil er die Lüge und der Vater der Lüge ist.» (J 8, 40. 41. 44) Eine lebendige Kraft des evangelischen Friedens ist die Wahrheit. Wir sollen nun in der Wahrheit leben, dann wird sie unerwartete Energien und Ideen hervorrufen und auf diese Weise die Möglichkeiten für den Frieden in der Welt öffnen. Friede muß auf Gerechtigkeit basieren. Frieden bedeutet: gerechter Dialog im Geist der Liebe. Ein wahrer Dialog bedeutet eine wesentliche Bedingung für den Frieden. Nur ein offener Dialog und die demokratische Achtung der Freiheit können zur friedlichen Lösung der Probleme führen. Wenn der Dialog zwischen der Regierung und dem Volk nicht vorhanden ist, dann ist der gesellschaftliche Friede gefährdet, und somit entsteht die Situation des Kriegszustands. Das geschieht genauso zwischen den einzelnen Menschen wie zwischen den gesellschaftlichen Gruppen und den Völkern. Man darf den Dialog nicht ablehnen, um eine Lösung des Konflikts mit Waffengewalt zu suchen. Der Frieden muß auf den Prinzipien der Gerechtigkeit basieren. Ihr, die ihr die Verantwortung für die Völker tragt, sollt euch selbst in Liebe für den Frieden erziehen. Um den Frieden zu bauen, reicht es nicht, nur darüber zu reden. Dies sind die elementaren und unantastbaren Prinzipien, die notwendig sind, um den Frieden zu erhalten. Die menschlichen Angelegenheiten sollen menschlich und nicht mit Gewalt gelöst werden. Die Spannungen, Streitigkeiten und Konflikte sollten auf dem Wege der Verhandlung und nicht der Unterdrückung gelöst werden. Die ideologische Opposition erfordert eine Gegenüberstellung auf der Ebene des freien Dialogs und der Diskussion. Die unantastbaren menschlichen Rechte müssen unter allen Umständen geschützt werden. Man darf nicht töten, um den Menschen die eine oder andere Lösung aufzuzwingen. Der Frieden soll sich in der Atmosphäre der Freiheit verwirklichen. Ohne eine tiefe und universelle Achtung der Freiheit kann der Mensch den Frieden nicht erhalten. Die Freiheit ist angegriffen, wenn die Verhältnisse zwischen den Völkern auf dem Recht des Stärkeren, auf der Position im politischen Staatenblock, auf dem politischen und militärischen Imperialismus basieren. Die Freiheit wird angegriffen, wenn kleine Nationen sich den großen unterordnen müssen.

Die Freiheit wird angegriffen, wenn der Dialog zwischen den gleichberechtigten Partnern aufgrund der wirtschaftlichen oder finanziellen Überlegenheit der privilegierten und mächtigen Nationen nicht möglich ist. Es gibt keine wahre Freiheit, wenn die Macht in Händen einer gesellschaftlichen Schicht, einer Gruppe, einer Rasse konzentriert ist. Die wahre Freiheit kann nur der Mensch erreichen, der um die Freiheit der anderen kämpft. Frei zu sein heißt, mit dem Gewissen in Eintracht zu leben. Die Freiheit des Gewissens und der Religion ist das erste und unveräußerliche Recht der menschlichen Persönlichkeit. Eine auf materieller Basis gebildete Gesellschaft versagt dem Menschen die Freiheit, indem sie die individuellen Freiheiten der wirtschaftlichen Priorität unterordnet, indem sie das geistige Schaffen des Menschen im Namen der gefälschten ideologischen Ordnung unterdrückt, indem sie dem Menschen das Recht, sich zu organisieren, verwehrt und ihm das Recht auf Teilnahme am öffentlichen Leben nimmt. Befreiung von Ungerechtigkeit, Angst, Zwang und Leiden wäre sinnlos, wenn der Mensch im Inneren seines Herzens ein Sklave geblieben wäre. Dann erst findet der Christ die Kraft für den Kampf um die Freiheit und den Frieden, wenn er in Gott seine Hoffnung sieht.»

Das waren die Hauptgedanken des Heiligen Vaters Johannes Paul II. in seinen Botschaften zum Tag des Friedens in den letzten Jahren.

Im Jahre 1963 schrieben die polnischen Bischöfe unter der Führung des verstorbenen Primas in ihrem Hirtenbrief: «Diejenigen, die der Welt Leiden und Unglück brachten, die die Welt in Kriege verwickelten, bekämpften in erster Linie das Evangelium Christi und seiner Kirche, denn sie wußten, daß der größte Gegner ihrer Verbrechen die christliche Religion ist.»

Wir beenden die heutigen Überlegungen mit den Worten des verstorbenen Primas, die er in seiner Botschaft zu Weihnachten 1980 sagte: «Es dürfen uns nicht mehr die Flammen des Krieges, die beißenden Schlangen der Kanonenläufe, die Explosionen der nuklearen Geschosse am Horizont der Erde ängstigen. Die Waffenlager sollen zum Brotlager werden und Platz den Schulen und den Krankenhäusern machen. Es sollen endlich die Militärparolen, die den Willen zur Verteidigung des Friedens auf der Welt demonstrieren, aufhören. Denn dies ist nicht der richtige Weg zur Beruhigung der menschlichen Herzen.»

Schließen wir die Worte aus der Enzyklika 'Pacem in terris' fest ins Herz: «Frieden muß auf Wahrheit basieren, gebaut nach den Prinzipien der Gerechtigkeit, belebt und erfüllt durch die Liebe und verwirklicht im Klima der Freiheit.» Leben wir täglich im Geist des Evangeliums, das uns das Kind, vor 1983 Jahren in Betlehem während der Weihnachtsnacht geboren, gebracht hat.

Die Würde bewahren

29. Januar 1984

«Gott hat die Welt so geliebt, daß er seinen einzigen Sohn gab, damit jeder, der an ihn glaubt, nicht stirbt, sondern ein ewiges Leben hat.» (J 3, 16) Gott hat den Menschen so geliebt, daß er ihn zu seinem Kind machte, Er gab ihm die Würde des Kindes Gottes. Sind wir uns ausreichend über diese große Auszeichnung im klaren, was die göttliche Sohnschaft bedeutet und was diese große von Gott geschenkte Würde heißt? Genauso wie mit der Freiheit, die uns von Gott gegeben und gleichzeitig aufgegeben ist, so ist es auch mit der Würde des Menschen. Sie ist uns für das ganze Leben aufgegeben. Es hängt von uns ab, ob wir diese Gabe der Würde des Kindes Gottes bis zum Ende unseres irdischen Lebens behalten. Das Vorbild eines Menschen, der mit ganzem Herzen Gott, der Familie und dem Vaterland diente und bis zum Schluß die Würde bewahrte, ist General Romuald Traugutt, der bedeutenste Führer des Januar-Aufstandes von 1863. Heute ist er zur Heiligsprechung vorgeschlagen. Der verstorbene Primas sagte über ihn: «Er lehrte uns, die Liebe zum Vaterland mit der Liebe zu Gott zu vereinigen.» Er vereinigte die Liebe des Vaterlandes mit der Liebe zu Gott, als er an General Josef Hauke Bosak schrieb: «Der polnische Soldat müßte ein wahrer Soldat Christi sein. Er müßte Sittenreinheit und Tugendhaftigkeit und nicht Eigenwilligkeit und Demoralisation verbreiten.» Er vereinigte die Liebe zum Vaterland und zu Gott, als er vor dem russischen militärischen Untersuchungsausschuß aussagte und erklärte, daß das einzige und wahre Ziel des Aufstandes sei die

Wiedererlangung der Unabhängigkeit und die Festlegung der Ordnung in unserem Land, die auf der christlichen Liebe, der Achtung des Gesetzes und der Gerechtigkeit basiert.

Er vereinigte die Liebe zum Vaterland und zu Gott, als er zur Übernahme der Regierung erklärte: «Nur das unbegrenzte Vertrauen, die Vorsehung Gottes und der unerschütterliche Glauben an das Heiligtum der Sache gaben mir die Kraft und den Mut, unter diesen Umständen die Regierung zu übernehmen. Ich habe daran gedacht, daß das Regieren ein Akt der Aufopferung und nicht der Ambition ist.» Er vereinigte die Liebe zum Vaterland und zu Gott, als er an den Heiligen Vater Pius IX. schrieb: «Moskau versteht, daß das katholische Polen nicht zu besiegen ist, deswegen ist der ganze Haß gegen die Geistlichen gerichtet.» Der bewahrte die Würde, obwohl ihm das Leben keine bitteren Erfahrungen ersparte, obwohl ihm Gott innerhalb von zwei Jahren fünf nahestehende Personen nahm. Er bewahrte die Würde, als er eine Botschaft an die Völker Europas schrieb: «Es gehört sich nicht zu jammern und zu betteln für denjenigen, der für die beleidigten und niedergetretenen menschlichen Rechte eintritt, der in unerschütterlichem Glauben an die heiligste Gerechtigkeit wehrlos ist, der seit über anderthalb Jahren mit einem wütenden Feind kämpft, ungeachtet des Feindes Stärke, aber im Glauben an das Heilige der Sache.» Er war der Meinung, daß es besser ist, für Gott zu leiden als von den Feinden der Kirche gelobt zu werden.

Er bewahrte die Würde, indem er mit Ruhe, Ergebenheit in den Willen Gottes, dem wahren christlichen Mut, mit gefalteten Händen und zum Himmel gerichtetn Augen sein Leben auf dem Altar der Vaterlandsliebe opferte. Die Bürger von Warschau würdigten sein Opfer und versammelten sich zu Tausenden vor der Zitadelle, betend und singend: «Heiliger Gott, mächtiger Gott...»

Romuald Traugutt ist für uns ein Vorbild des Polen, der es für seine Pflicht hielt, sich selbst nicht zu schonen, wo andere bereitwillig alles geopfert haben. Er war sich dessen bewußt, daß, wer für sein Vaterland viel erreichen will, Gott nicht ablehnen darf, sondern es mit ihm halten muß.

Der Januar-Aufstand bestätigt noch einmal, daß die physische Kraft allein die Probleme des staatlichen Daseins nicht lösen kann. Die Gewalt des Zaren hat den Aufstand unterdrückt, aber sie konnte nicht das Verlangen des polnischen Volkes nach einem Leben in Wahrheit, Gerechtigkeit, Freiheit und Liebe besiegen. Das Leben muß man würdig erleben, weil es nur ein Leben gibt. «Man muß heute viel über die menschliche Würde reden, um zu verstehen, daß nur der Mensch alles, was auf der Erde existiert - außer Gott - überragt, daß er die Klugheit der ganzen Welt überragt.» (Kardinal Wyszynski) Die Würde des Menschen zu bewahren bedeutet, innerlich frei zu bleiben, auch bei einer äußeren Gefangenschaft. In der Wahrheit zu leben, sich selbst treu zu bleiben, das ist das Minimum, das notwendig ist, um das Bild des Kindes Gottes in uns zu bewahren.

«Die Laufbahn eines jeden Menschen auf dieser Welt beginnt in der Windel, auch wenn er heute Botschafter- oder Generalsuniform trägt, und sie endet in der Windel, vielleicht in einer etwas größeren, aber sie endet doch», sagte der Primas. Deswegen reicht es nicht aus, als Mensch geboren zu sein, man muß auch Mensch bleiben.

Die Würde zu bewahren, das heißt, sich selbst in jeder Situation des Lebens treu zu bleiben. Das bedeutet, für die Wahrheit geradezustehen, auch wenn sie uns viel kosten sollte, denn die ausgesprochene Wahrheit ist teuer. Nur die Spreu ist kostenlos. Für das Weizenkorn der Wahrheit muß bezahlt werden. Jede Sache, jede Angelegenheit muß etwas kosten und muß schwierig sein. Nur die kleinen und die miserablen Sachen sind leicht.

Der Dichter Nowalis sagte: «Der Mensch stützt sich auf die Wahrheit. Wenn er die Wahrheit verrät, verrät er sich selbst».

Die Lüge entwürdigt den Menschen und bleibt die Eigenschaft der Sklaven und der niederträchtigen Leute. Der Heilige Vater sagte im Februar vergangenen Jahres: «Du bist kein Sklave. Du darfst kein Sklave sein. Du bist ein Sohn.»

Die Würde zu bewahren bedeutet, mit dem Gewissen im Einklang zu leben. Das bedeutet, ein gerechtes Gewissen zu wecken und zu gestalten, ein nationales Gewissen zu pflegen. Wir haben erkannt, als das nationale Gewissen versagte, kam es zu den größten Unglücken im Laufe unserer Geschichte. Als das nationale Gewissen erwachte und das Verantwortungsgefühl für das Vaterland auflebte, kam es zur Wiedergeburt der Nation. Dies geschah während der nachfolgenden Aufstände, während des Januar-Aufstandes und der Aktivitäten der Solidarnosc.

«Die Polen», hier zitiere ich wieder den verstorbenen Primas, «haben ein ausgeprägtes Nationalbewußtsein, wissen um die Ordnung in der Heimat, um das Pflichtbewußtsein, um Gottesfrieden und die Möglichkeit, die Freiheit, die uns allen zusteht, auszunutzen, zu kämpfen.»

Wir müssen diese Fähigkeit des Kämpfens pflegen, wenn wir eine Nation bleiben möchten, die, wenn auch mit dem Kreuz auf den Schultern, doch mit Würde der Auferstehung entgegenschreitet. Die wahre Freiheit ist die primäre Eigenschaft der Menschlichkeit. Sie ist ein besonderes Zeichen des göttlichen Abbildes im Menschen. Sie wurde uns und unseren Brüdern von Gott geschenkt. Daher kommt die Verpflichtung, sie auch für diejenigen zu verlangen, denen man sie weggenommen hat. Die Würde des Menschen zu bewahren, die Würde des Kindes Gottes, bedeutet ein Leben ohne Lüge. «Es gibt in Polen viele Leute», sagte der mehrmals zitierte Primas, «die sich aus Furcht und Angst als Atheisten ausgeben. Das bedeutet eine Verletzung der menschlichen Seele, die erst später Früchte trägt und die Zukunft beeinflußt».

Man kann Würde nicht bewahren, wenn man in der einen Tasche den Rosenkranz und in der anderen das Parteibuch trägt. Man kann nicht gleichzeitig Gott und dem Mammon dienen. Erst nach einer gründlichen Überlegung sollte man die Wahl treffen.

In jedem Menschen ist eine Spur Gottes. Schau, Bruder, ob du sie in dir nicht verwischt hast. Ohne Rücksicht darauf, welchen Beruf du ausübst, bist du ein Mensch. Im Jahre 1938 fand eine Pilgerfahrt der Polizisten nach Jasna Gora statt. Auf dem Medaillon, das sie der Mutter Gottes stifteten, stand: 'Der Glauben der Urväter und Väter, unser Glaube und der unserer Kinder und Enkel bleibt.'

Bewahre die Würde, weil du ein Mensch bist, egal welchen Beruf du ausübst. Der Beruf soll dem Menschen dienen und nicht der Mensch dem Beruf. Genauso wie es erforderlich ist, daß der Mensch nicht dem System dient, sondern das System dem Menschen. Gott verzichtet niemals auf seine Kinder, auch nicht auf diejenigen, die ihm den Rücken zeigen. Deswegen hat ein jeder die Chance, auch wenn er nicht mehr menschlich handelt, die Würde verliert und sich gänzlich verkauft, und doch hat er noch Zeit. Nimm dich zusammen, erhebe dich, fange von neuem an, versuche, darauf zu bauen, was in dir Göttliches ist. Versuche es, denn du hast nur ein Leben.

Letztlich ist die Würde des Menschen auch die Würde seiner Arbeit. Das bedeutet ein Recht auf solche Arbeitsbedingungen, die die menschliche Arbeitskraft nicht schwächen und den Menschen nicht vorzeitig auszehren. Es ist nicht ausschlaggebend, daß der Mensch in kürzester Zeit viel schafft, sondern über eine lange Zeit gut arbeitet. Den Menschen kann man erniedrigen, ihm seine Würde mittels Arbeit nehmen, indem man ihn zum Werkzeug der Produktion macht und mit Hilfe übermäßiger Anreize zu übermäßiger Anstrengung und Verletzung der göttlichen Ordnung antreibt. Eine rein materialistische Zivilisation macht den Menschen zum Sklaven der eigenen Produktion und entzieht ihm sein wahres Selbstgefühl. Wir dürfen niemals die Wahrheit vergessen, daß für den Erhalt des Glaubens und der Würde sogar die Freiheit geopfert werden kann, aber für den Erhalt der Freiheit Glaube und Würde des Kindes Gottes nicht geopfert werden dürfen.

Im August 1982 betete der Heilige Vater: «Das Herz der Mutter soll bewirken, daß unsere Anstrengungen für Wahrheit, Gerechtigkeit, Freiheit und Würde unseres Lebens nicht aufhören.» Verbleiben wir auf dem Weg der Wahrheit und Freiheit, auf dem Weg der menschlichen Rechte, auf dem Weg der Achtung des menschlichen Gewissens, auf dem Weg der Solidarität mit den unschuldig Gefangenen, auf dem Weg des Aufbaus einer Solidarität der Herzen und des Verstandes. Verbleiben wir auf dem Weg der Erhaltung der menschlichen Würde und der Kinder Gottes. Es mögen uns dabei der allmächtige Gott und unsere Mutter und Königin helfen.

Erziehung und Freiheit

26. Februar 1984

«Lasset die Kinder zu mir kommen und wehret es ihnen nicht.» (Lk 18, 16)

Diese Worte Christi aus dem heutigen Evangelium erklingen seit zweitausend Jahren. Sie sind besonders wichtig für unsere Nachkriegsgeschichte. Sie sind heute noch aktuell. Wir sind Kinder einer Nation, die seit tausend Jahren Gott die Treue erweist. Unsere Nation war in der Welt wegen ihrer religiösen Toleranz bekannt. Bei uns haben diejenigen Zuflucht gefunden, die wegen religiöser Verfolgungen ihre Heimat verlassen mußten. Die christliche Erziehung unseres Volkes war eng mit der Geschichte des Vaterlandes verbunden und beeinflußte alle Lebensbereiche. Deswegen darf die gegenwärtige Erziehung nicht von der tausendjährigen polnischen Geschichte getrennt werden. Sie darf nicht deformiert und ausgelöscht werden. Das christliche Erziehungssystem des Evangeliums bewährte sich in die Geschichte unserer Nation, besonders in den schwersten Zeiten. Deshalb ist sich die Gesellschaft Polens der Verluste und der moralischen Schäden bewußt, die sie erlitt und weiterhin infolge der aufgezwungenen atheistischen Erziehung und der religionsfeindlichen Programme erleidet. Die Zeit nach dem Zweiten Weltkrieg ist eine Zeit des Kampfes um eine staatliche atheistische Erziehung, eine Erziehung ohne Gott, und um die Entfernung Gottes aus den Herzen der Kinder und der Jugend.

Wir wollen uns dieses Problem etwas näher anschauen. Das Leben eines Kindes beginnt unter dem Herzen der Mutter. Die Mutter hat

Qualen ertragen müssen, um das Kind zur Welt zu bringen, und anschließend beide Eltern, um es zu erzielen. An dem Erziehungsprozeß nehmen ebenfalls die Schule und die ganze Gesellschaft teil. Die Schule müßte aber in der Erziehung von den Eltern abhängig sein. Sie darf in den kindlichen Seelen von den Eltern eingeprägte Werte nicht vernichten. Der verstorbene Primas Kardinal Wyszynski sagte: «Die Schule ist ein Nationalgut und gehört dem Volk, der Familie und der Gesellschaft und nicht der oder einer anderen Partei, einer Sekte oder einer Gruppe, die sich mit der ruhmlosen, feindlichen und für das Volk und den Staat schädlichen Tätigkeit der Entfremdung des Glaubens der Kinder und der Jugendlichen befassen.»

Trotz der Verstaatlichung der Schule soll sie der Familie und dem Volk dienen, denn das Volk identifiziert sich mit den Familien. Die Schule muß ein Nationalgut bleiben. Sie muß den Kindern und der Jugend die Liebe zum Vaterland und zur nationalen Kultur vermitteln. Die Schule muß auf das Volk und dessen Ansprüche, die Kultur, das Brauchtum und die Religion Rücksicht nahmen. Die Pflicht, für diese Art Schule zu sorgen, und die entsprechende Erziehung ruht auf den Schultern des Staates, der Lehrer und der Eltern. Wenn jedoch der Staat seine Pflicht vernachlässigt, wird die Verantwortung der Lehrer und der Eltern um so größer. Es ist schlimm, wenn der Staat unter dem Vorwand neuer Erziehungsmethoden, unter dem Vorwand der Entlastung der Eltern für das alleinige Erziehungs- und Ausbildungsrecht im atheistischen Sinne gegen den Willen der Eltern kämpft. Der Prozeß der Atheisierung ist ein Absurdum, erweckt das Gefühl der gesellschaftlichen Vergewaltigung und der Unterdrückung der Persönlichkeit. Im Jahre 1968 schrieben die Beschöfe: «Es ist eine Schande unserer Zeit, daß es an den Versuchen, der Jugend den Glauben an Gott und die Bindung an die Kirche zu nehmen, trotz Mahnungen aller zivilisierten Völker nicht gefehlt hat.»

Die die Erziehung betreffenden Gesetze dürfen nicht im Gegensatz zu den göttlichen Geboten stehen, sonst sind sie für unser Gewissen nicht verpflichtend. Das Streben, den Menschen zu versklaven, heißt, ihm eine Weltanschauung aufzuzwingen, die Glaubensfreiheit und die Liebe zu Gott zu streichen, ihn von den religiösen Bedürfnissen und Bestrebungen zu entfremden. Es wird gesagt, daß man heute niemandem den Besuch der Kirche verweigert. Nach dem Krieg haben wir auch solche Zeiten erlebt. Heute noch bitten viele Erwachsene um die Taufe nur deswegen, weil ihren Eltern wegen der Taufe ihres Kindes oder der Teilnahme der Kinder am Religionsunterricht der Verlust der Arbeit oder der Position drohte. Aber die Frage von Erziehung und Religionsfreiheit bezieht sich nicht nur auf den Besuch der Kirche. Die

Regierung darf nicht die eigene Weltanschauung dem Volk aufzwingen. Sie darf den Bürgern keinesfalls diktieren, woran sie zu glauben haben und woran sie nicht glauben dürfen. Denn beweist nicht das Aufzwingen des Atheismus und das Fehlen von Toleranz alleine die Tatsache, daß in einem katholischen Land die Ausgaben der atheistischen Presse in einer millionenfachen Auflage erscheinen, während die katholische Presse nur über einige Zeitschriften, jedoch nicht über ein tägliches Blatt verfügt, und die Zeitschriften erscheinen in beschämend niedrigen Auflagen und durch die Zensur sehr eingeengt. Eine der Ursachen der gegenwärtigen materiellen Notlage, auch des moralischen Zerfalls, ist die hartnäckige Ablehnung der Religion in der Schule und in der Arbeit, auch in der Eziehung der Kinder und der Jugend. Es geschah in der Vergangenheit, daß den Erziehern der Kinder während der Schulferien im Namen der Gewissensfreiheit verboten wurde, die Kinder am Sonntag zur heiligen Messe zu begleiten. Es wurde den Erziehern empfohlen, während der für die heiligen Messe bestimmten Zeit Spiele zu organisieren. Zum Schluß wurde den Erziehern verboten, den Kindern den Besuch der heiligen Messe zu gestatten, obwohl sie dies verlangt hatten. In den Fällen der Nichtbeachtung der Vorschriften wurden die Lehrer und die Erzieher bestraft.

Das war ein brutales Niedertreten der menschlichen Grundrechte. Von den Leitern der Schulen wurden Berichte verlangt, auf welche Art sie den Kindern die Teilnahme am Religionsunterricht erschweren, und über die Wirksamkeit der Überzeugung der Eltern, über die schädliche Wirkung der religiösen Erziehung. Lehrern, die den Kindern die Teilnahme am Religionsunterricht ermöglicht haben, wurde mit Strafmaßnahmen gedroht. Die Jugend wurde damit eingeschüchtert, daß die Teilnahme am Religionsunterricht ihr das Ablegen des Abiturs unmöglich macht und somit auch die Erlangung eines Studienplatzes.

Darüber schrieben die Bischöfe in ihren Hirtenbriefen. Ich erinnere daran, um auf die Bedeutung der Familie bei der Erziehung aufmerksam zu machen. Denn die Tatsache, daß die Jugend gläubig ist, daß sie in der Zeit der Solidarnosc die Unterstützung und die Kraft in Gott und der Kirche gesucht hat, ist ein Verdienst der Eltern, die zu Hause geradebiegen mußten, was im kindlichen Verstand außerhalb des Hauses und der Kirche verbogen wurde. Wenn der Staat seiner Aufgabe nicht würdig ist, so ist die Verantwortung um so größer, die die Eltern, die Lehrer und die Jugend selbst zu tragen haben. Die Jugend muß in dem Lehrer einen Freund sehen, der grundsätzlich die Wahrheit sagt, der sich bemüht, der jungen Generation das ganze nationale und religiöse Kulturwerk zu übermitteln. Die Lehrer sollen daran denken, daß die Jugend für das Vaterland, das eine weitreichende nationale Geschichte aufweist, und nicht für diese oder jene Systeme, die sich verändern, erzogen werden soll. Sie dürfen nicht nur das beachten, was heute nützlich ist, sondern auch das, was der Zukunft dienen wird. Die Gefahr, daß die Jugend die Bindung an die nationale, so oft deformierte und ins Lächerliche gezogene Kultur und Vergangenheit verliert, hat die Solidarnosc abgewendet. Sie hat die Wahrheit über die verschwiegenen Tatsachen der historischen Vergangenheit enthüllt. Wir sind keine Nation nur für heute. Wir sind eine Nation, die in Jahrtausenden gespeicherte Kräfte der Zukunft übermitteln soll.

Nur eine gemeinsame und übereinstimmende Zusammenarbeit der Eltern, Lehrer, Kirche und der Jugend selbst kann sich all dem widersetzen, dessen Ziel es ist, die menschliche Größe zu vernichten, die Zerstörung dessen, was aus der Aufopferung jener Generationen von Polen, die für das Überleben des nationalen Geistes einen hohen Preis bezahlt haben, gewachsen ist. Deshalb sollen wir uns die Botschaft des verstorbenen Primas zu Herzen nehmen und den Mut aufbringen, uns öffentlich zu Christus und zur Kirche zu bekennen. Sich bekennen zu all dem, was den Stolz des Volkes ausmacht, in der Schule, an der Universität, in der Arbeit und in der Behörde. Wir müssen dies tun ohne Rücksicht auf die Folgen, die daraus entstehen könnten. Wenn wir in unseren vier Wänden an Christus glauben, dann sollen wir soviel Mut aufbringen, uns zu ihm öffentlich zu bekennen, so wie wir es während der Solidarnosc-Zeit getan haben, auch dann, wenn wir dafür einen Preis zahlen oder ein Opfer bringen müssen. Der Glaube und die Ideale dürfen nicht für eine sprichwörtliche Schüssel Linsen, für einen Posten, ein höheres Gehalt, die Möglichkeit, einen Studienplatz zu erlangen, oder eine Beförderung verkauft werden. Denn wer leichtfertig den Glauben und die Ideale verkauft, ist nur einen Schritt davon entfernt, den Menschen zu verkaufen. Die Kirche wird immer den Eltern und den Erziehern helfen, die Meinung vertretend, daß, wenn ein Volk gegen seinen Willen, gegen den Willen der katholischen Eltern und der Jugend selbst atheisiert werden soll, sich erst recht die Katholiken gegen dieses Unrecht wehren dürfen. Es wird soviel über die menschlichen Rechte gesprochen, und dabei wird das Grundrecht, das Recht auf die Glaubens- und Erziehungsfreiheit vergessen. Das alles vergißt der Staat und erfindet einen eigenen Gott, den er Atheismus oder Laizismus nennt, und läßt das Volk sich vor ihm verneigen. Der Staat vergißt, daß ein jeder Mensch das Recht auf die Bewahrung des eigenen Glaubens und der Weltanschauung hat.

Alleine die gemeinsame Anstrengung der Kirche, der Eltern und der Erzieher kann die Jugend davor bewahren, auf Abwege vom gesunden

Glauben und gesundem Patriotismus, der seit Jahrhunderten in unserem Volk lebt, zu geraten. Wir müssen alles tun, was in unserer Macht steht, um zu verhindern, daß den Kindern, der Jugend und dem Volk der Mund verboten wird, um zu verhindern, daß niemand die Hoffnung verliert. In einem nicht weit entfernten Schloß rief einmal der Zar: «Laßt die Hoffnung fallen, ihr Polen, haltet den Mund!» Sie haben den Mund nicht gehalten. Dafür haben sie teuer bezahlt, doch den Mund haben sie nicht gehalten. Und deswegen sind wir ihnen heute dankbar, denn sie haben uns ein Nationalbewußtsein übermittelt. Wir sind die Erben derjenigen, die den Mund nicht gehalten haben, wenn es um wichtige Angelegenheiten des Volkes ging. Deswegen sollen auch wir den Mund nicht halten, wenn es sich um die Erziehung der Jugend handelt, die in der nahen Zukunft die Verantwortung für das Vaterland tragen soll. Und ihr, meine lieben jungen Freunde, müßt die Eigenschaften eines Adlers haben. Ein Adlerherz und einen Adlerblick, wie der verstorbene Primas sagte. Ihr müßt eure Seelen abhärten und euch in die Lüfte erheben, um wie die Adler über dem übrigen Volk in die Zukunft des Vaterlandes zu segeln. Nur als Adler könnt ihr durch die Stürme, Winde und Krisen kommen und der Gefangenschaft entfliehen. Denkt daran, Adler sind freie Vögel, die hoch oben segeln und nicht über den Boden kriechen. Ob ihr so wie die Adler sein könnt, hängt davon ab, wer eure Seele und euren Verstand gestaltet. Denkt immer daran, daß ein aufrechter Bürger nicht in der Fabrik produziert wird, sondern heranwächst unter dem Herzen der Mutter und unter dem Einfluß der wahren Erzieher, die Christus als Vorbild eines guten Lehrers haben.

Wir schenken Dir unser Vertrauen, Maria

25. März 1984

Heiligste Mutter! Wir, die wir uns jeden Monat in dieser Kirche von Zoliborz zur heiligen Messe für das Vaterland und diejenigen, die für das Vaterland leiden, versammeln, möchten heute, während der Heilige Vater Johannes Paul II. Dir die ganze Welt, die Völker und die Nationen anvertraut, alle Probleme unserer Heimat, für die wir in den letzten Jahren gebetet haben, in Deine Hände legen, denn Du bist die beste aller Mütter.

Erlaube uns, heute wieder an diese Probleme zu erinnern und sie Dir aufs neue anzuvertrauen. Wir vertrauen Dir unsere für ihre Gesinnung gefangenen Brüder an. Gefangen dafür, daß sie den Mut aufgebracht haben, anders zu denken, als ihnen aufezwungen wurde. Gefangen seit zwei Jahren ohne Verhandlung und ohne Urteil. Wir vertrauen Dir die gefangenen Führer der Solidarnosc an. Wenn sie schuldig sind, warum werden sie dann nicht verurteilt? Wir aber wissen, daß das Recht, sie zu verurteilen, nur diejenigen haben, die sie auf eine demokratische Art und Weise gewählt haben. Sie verurteilen können nur Millionen. Und für Millionen sind sie immer noch ein Symbol der Sehnsucht nach der wahren Freiheit für das Vaterland. Wir glauben, daß ihr Leiden gute Früchte bringt. Wir glauben, so wie sie selbst glauben, indem sie schreiben: «Heute, mehr noch als irgend sonst, sehen wir die Notwendigkeit der Aufopferung für die große Sache, die wir im August 1980 angefangen haben, Wir wissen, daß ohne Feuer der Stahl nicht gehärtet werden kann. Wir alle brauchen diese Stärke.»

Wir vertauen Dir die Gefangenen von Warschau, Wartenburg, Braunsberg, Strzelina und Lubliniec an, die in vielen Fällen schlimmer behandelt wurden als Kriminelle. Aus dem Gefängnis in Lubliniec schrieb Anna Walentynowicz: «Vielleicht können die Worte des Papstes 'Frieden mit dir, Polen' meine und nicht nur meine Sehnsucht nach euch und nach der Freiheit verwirklichen.»

Wir vertrauen Dir und bitten, Mutter der unschuldig Gefangenen, sei ihnen eine Hilfe. Wir vertrauen Dir die polnische Jugend an, die die Zukunft und die Hoffnung der Nation ist und die keine Möglichkeit hat, ihre Persönlichkeit nach eigenen Prinzipien zu gestalten und das gesellschaftliche Leben in Jugendverbänden, die ihrer Weltanschauung entsprechen, zu erlernen.

Wir vertrauen Dir die Jugend der Landwirtschaftlichen Schule aus Garwolin an, die, mutig und reif, die Anwesenheit von Kreuzen in den Schulräumen verteidigte. Die Stimme der Jugend aus der Umgebung von Garwolin ist die Stimme der ganzen gläubigen Jugend Polens, die versteht, daß der Kampf um das Vorhandensein der Kreuze in der Schule eine Kampf um die verfassungsmäßigen Grundsätze der Gewissens- und Glaubensfreiheit ist und daß das Vorgehen der schulischen Behörden ein Versuch ist, die nationale Seeele zu fesseln.

Die Schule ist für die Schüler, und nicht sind die Schüler für die Schule da, genauso wie die Regierung dem Volk dienen soll und nicht das Volk der Regierung. Kein Gläubiger will die Kreuze dort aufhängen, wo Ungläubige sind. Aber die Gläubigen haben ein Recht auf die eigene Entscheidung, wenn sie sich an ihrem Arbeitsplatz ein Kreuz wünschen.

Wir vertrauen Dir, Mutter, die Bitterkeit der Hilflosigkeit und der

Demütigung an, die unsere Brüder und Schwestern immer wieder in diesem Land erfahren. Wir vertrauen Dir den Schmerz und die Verbitterung der ehemaligen Internierten von Darlowek und Jaworz an, die den Priestern aus der Umgebung, die sie in den Lagern versorgt haben, eine Fahne als Ausdruck der Dankbarkeit gestiftet haben. Diese Fahne hatte eine Aufschrift mit einem rein religiösen Inhalt und das Bildnis der Mutter Gottes und des heiligen Maximilian Kolbe. Während der Feierlichkeiten der Fahnenübergabe fand eine Razzia statt. Die Mehrheit der ehemaligen Internierten wurde verhaftet und die Fahne beschlagnahmt.

Wir vertrauen Dir die aktuelle und immer noch schmerzliche Angelegenheit der Verhandlung wegen der Ermordung des Grzegorz Przemyk an. Die Ungerechtigkeit ist sehr schmerzhaft. Es ist so schwer, in diesem Lande diejenigen zu finden, die in der Ausübung ihres Dienstes geschlagen haben, und so leicht, die Verteidiger, die den Weg der Wahrheit gewählt haben, unter Anklage zu stellen.

An dieser Stelle vertrauen wir Dir auf eine besondere Art und Weise den Rechtsanwalt Bednarkiewicz an, dessen edelmütiges Rechtsempfinden Du am besten kennst. Wir vertrauen Dir das Wort Solidarnosc und alles an, was die Polen mit diesem Wort verbindet. Seit der Auflösung der Solidarnosc als Gewerkschaft ist sie im Volk zu einer Idee geworden. Der Kampf gegen die Idee des Volkes bedeutet, gegen Windmühlen zu kämpfen. Diese Idee kann keiner beseitigen, weil sie stark in den Herzen von Millionen verwurzelt ist. Man hat für sie einen hohen Preis bezahlt, einen Preis des Blutes, der Tränen, der Gefangenschaft, der Mißhandlung und der Verheimlichung. Wir vertrauen Dir jedes Unrecht an, welches das Volk seit dem Zweiten Weltkrieg und besonders in den letzten drei Jahren erlitten hat. Wir vertrauen Dir insbesondere das moralische Unrecht an, worüber wir soviel während der Messe für das Vaterland gesprochen haben. Zum Schluß unseres Gebets vertrauen wir Dir die Hoffnung auf eine bessere Zukunft an, die Hoffnung auf eine Verständigung der Nationen im Namen von Liebe und Gerechtigkeit, weil Liebe ohne Gerechtigkeit nicht existieren kann.

Mutter des Vertrauens, Du kennst am besten unsere Gebete, so oft unter Tränen geflüstert, unsere Schmerzen und die Unruhe der gequälten Herzen.

Am heutigen Tag des Vertrauens in Dein unbeflecktes Herz legen wir unsere Hoffnung in Deine mütterlichen Hände. Wir bitten Dich um Fürsprache bei Deinem Sohn Jesus Christus, damit unser Vaterland zu wahrer Freiheit, zu Gerechtigkeit und Frieden auferstehen kann.

Wahrheit und Mut

27. Mai 1984

Während des für die ganze Menschheit ruhmlosen Prozesses gegen Jesus Christus stellte Pilatus eine Frage, die immer aktuell bleibt: «Was ist Wahrheit?» Für einen Christen ist die Antwort auf diese Frage ziemlich einfach. Christus hat sie uns gegeben, indem er über sich selbst sagte: «Ich bin der Weg, die Wahrheit und das Leben.»

Christus ist nun die Wahrheit, und alles, was er verkündete, ist Wahrheit. Die Lüge kam niemals über seine Lippen. Für die Wahrheit, die er mutig verkündete, opferte er sein Leben. Die Apostel, für die Christus die einzige Wahrheit darstellte, opferten für ihn ihr Leben, als sie der Welt seine Lehre mutig verkündeten. Wahrheit und Mut sind sehr wichtige Werte im Leben eines jeden Menschen und besonders im Leben eines Christen.

Heute möchte ich versuchen, die Bedeutung dieser beiden Werte für unser Leben zu verdeutlichen. Die Wahrheit ist eine sehr empfindliche Eigenschaft des menschlichen Verstandes. Gott selbst hat dem Menschen den Drang nach der Wahrheit eingeprägt. Deswegen ist in jedem Menschen ein natürlicher Drang nach der Wahrheit und eine Abneigung gegen die Lüge vorhanden.

Die Wahrheit ist mit der Liebe verbunden, und die Liebe kostet viel. Die wahre Liebe ist opferbereit, und aus diesem Grund muß für die Wahrheit bezahlt werden. Eine Wahrheit, welche nichts abverlangt, ist eine Lüge. Mit der Wahrheit zu leben bedeutet, im Einklang mit dem Gewissen zu leben. Die Wahrheit vereinigt und verbindet die Menschen. Die Macht der Wahrheit erschwert und demaskiert die Lügen der kleinen und verängstigten Menschen. Seit Jahrhunderten dauert der ununterbrochene Kampf gegen die Wahrheit an. Die Wahrheit ist unsterblich, doch die Lüge stirbt einen schnellen. Tod. Wie der verstorbene Kardinal Wyszynski sagte: «Man braucht nicht viele Leute, die über die Wahrheit sprechen. Christus hatte wenige für die Verkündung der Wahrheit auserwählt. Nur die Lüge braucht viele Worte, weil sie detailliert und kleinkariert ist. Sie wechselt wie die Ware im Regal, muß imme aktuell sein und viele Diener haben, welche programmgemäß die Lüge erlernen müssen, für heute, morgen und den ganzen Monat. Nachher gibt es eine dringende Schulung, um eine neue Lüge zu erlernen. Um die Technik der vorprogrammierten Lüge zu beherrschen, werden viele Leute benötigt, für die Verkündung der Wahrheit aber nicht so viele. Sie strahlen die Wahrheit aus, und die

Menschen finden sie und kommen von weit her, um die Worte der Wahrheit zu hören. Wir dürfen keine halben, oberflächlichen, propagandistischen und aufgezwungenen Wahrheiten empfangen und uns damit zufrieden geben. Wir müssen lernen, die Lüge von der Wahrheit zu unterscheiden.»

Dies ist nicht leicht in der Zeit, in der wir leben, in der Zeit, über die der zeitgenössische Dichter sagte: «Noch nie wurde auf so grausame Art und Weise unser Rücken mit der Peitsche der Lüge und der Verlogenheit geschlagen.»

In den letzten Jahrzehnten wurde das Korn der Lüge und des Atheismus in den Boden unseres Vaterlandes gesät. Man säte das Korn der laizistischen Weltanschauung, die ein spießbürgerlisches Produkt des Kapitalismus und des Masonismus des 19. Jahrhunderts ist. Man säte dies in einem Land, das seit über tausend Jahren dem Christentum angehört. Jeder von uns kann Beispiele nennen, die das alles, was der Entwicklung der Wahrheit und der Festigung des gesellschaftlichen Friedens und der Liebe in unserem Vaterland nicht dient, demaskieren.

Nennen wir nur einige davon. Die Lügen und Halbwahrheiten, die durch die Massenmedien verbreitet werden, behindern die Entwicklung der Wahrheit. Ich meine damit auch die Fernsehprogramme, die unter dem Einfluß der öffentlichen Propaganda und der weltlichen Moral gestaltet werden, als ob es in Polen keine Christen gäbe. Die Gläubigen haben doch ein Recht auf religiöse Filme, biblische Gespräche und das Verfolgen der Weltreisen und der Tätigkeiten des Heiligen Vaters.

Die Entwicklung der Wahrheit behindert die Zensur, die sich nicht gegen das Böse richtet, sondern das Edle und Gute verfolgt und sogar die Worte des Heiligen Vaters und des Primas aus den Zeitschriften, katholischen Zeitschriften, streicht. Der verstorbene Primas sagte: «Die Chirurgie der Presse ist eigenartig und spezifisch. Es werden die Ausschnitte entfernt, die katholisch, gesund, stark und überzeugend sind. Nur ausschließlich den Katholiken ist es nicht erlaubt, ihre Anschauung wirkungsvoll zu propagieren. Man verbietet ihnen nicht nur, die gegnerischen Anschauungen zu bekämpfen oder über sie zu polemisieren, sondern auch, die eigene gegen die verleumderischen und ungerechten Angriffe zu verteidigen. Der Katholik darf die Unwahrheit, welche die anderen straflos verkünden und verbreiten dürfen, nicht berichtigen.»

Ein konkretes Beispiel dafür liefert 'Tygodnik Powszechny' vom 20. Mai diesen Jahres, wo die Zensur dreiundzwanzig mal eingegriffen hat. Die Entwicklung der Wahrheit behindert das Aufzwingen der materialistischen Weltanschauung. Diese Weltanschauung wird mit allen erdenklichen Propagandamitteln verbreitet, und dabei zeigt sie den Marxismus als einzige Möglichkeit, die Probleme der Arbeiter zu lösen. Hier zitiere ich noch einmal die Worte des Kardinals Wyszynski vom Juni 1980: «Es muß uns bewußt sein, daß die Hoffnung auf die Lösung der Probleme des Proletariats durch den Marxismus sich verringert. Hier offenbart sich die völlige Unfähigkeit der Doktrin, und es stellt sich beraus, daß der Marxismus im Grunde den Kapitalismus aufbaut, indem er den Menschen vom System der Produktion abhängig macht und ihn unterdrückt.»

Man behindert die Entwicklung der Wahrheit. Die Anschwärzung und die negative Darstellung der Errungenschaften der Solidarnosc und das Verwischen jeglicher Spuren ihrer Tätigkeit wurden gefördert. Das Volk jedoch weiß, daß sich mit diesem stolzen Wort die Hoffnung und die Sehnsucht von Millionen Polen verbindet.

Es behindert die Entwicklung der Wahrheit, wenn die Menschen wegen ihre Gesinnung gefangen gehalten werden. Wenn die Führer der Solidarnosc und die anderen Brüder für das Lügen verurteilt würden, hätte dann die Kirche sich soviel Sorgen um ihre Verteidigung gemacht? Ob sie sich für ihre Verteidigung so bemüht hätte? Gewalt und Demonstration der Kräfte dienen nicht der Wahrheit. Die Gewalt ist eine Lüge, denn sie vernichtet das, was sie angeblich verteidigt. Um den Staat gut regieren zu können, sollen Lüge und Gewalt unterlassen werden, erst dann kehrt Frieden ein, die Vorbedingung für einen erfolgreichen Aufbau. Der Friede jedoch darf nicht als das erzwungene Schweigen der Menschen verstanden verden. Das Leben kann nicht, genauso wie der Boden nicht, hintergangen werden. Wenn Spreu gesät wird, dann kann nur Unkraut geerntet werden. Das Evangelium bringt Früchte über Jahrhunderte und ist aktuell, weil es die Wahrheit ist. Die Ideologien, die sich nach der Lüge und der Gewalt richten, gehen zugrunde, tragen faule Früchte und bringen eine moralische Verwüstung. Mehrere Beispiele dafür lieferte uns die Geschichte Europas und der Welt. Die grundlegende Bedingung für die Befreiung des Menschen, für die Gewinnung der Wahrheit und für das Leben in der Wahrheit ist die Eroberung der Tugend der Tapferkeit. Das Zeichen der christlichen Tapferkeit ist der Kampf um die Wahrheit. Die Tugend der Tapferkeit bedeutet die Überwindung der menschlichen Schwächen, besonders der Angst. Sich ängstigen sollte man sich nur vor dem Verrat an Christus, für ein paar Silberlinge des inhaltlosen Friedens. Alleine eine Verurteilung des Bösen, der Lüge, der Feigheit, des Hasses und der Gewalt darf dem Christen nicht ausreichen. Aber der Christ soll der wahre Zeuge, Vertreter und Verteidiger der Gerechtigkeit, der Güte, der Wahrheit, Freiheit und Liebe sein. Für diese Werte sollte er sich mutig, für sich und die anderen, einsetzen. «Nur ein mutiger Mensch kann wahrhaftig gescheit und gerecht sein.» (Joh. Paul II.) «Wehe der Gesellschaft, deren Bürger keinen Mut haben! Sie hören dann auf, Bürger zu sein, sie werden zu Sklaven.»

Wenn der Bürger auf die Tugend der Tapferkeit verzichtet, wird er zum Sklaven. Damit fügt er sich selber, seiner Persönlichkeit, seiner Familie, seinem Staat und seiner Kirche das größte Leid zu. Der nicht tapfere Bürger kann leicht um den Preis der Angst, des Brotes und der nebensächlichen Gunst geworben werden. Wehe den Regierenden, die den Bürger um den Preis der Verängstigung und der Sklavenfurcht gewinnen wollen!

«Wenn die Regierung eingeschüchterte Bürger regiert, verliert sie ihre Autorität und beraubt das Leben seiner national-kulturellen und beruflichen Werte.» (Kardinal Wyszynski)

Die Sorge um die Tapferkeit sollten genauso wie die Regierung auch die Bürger tragen. Zum größten Teil sind wir an unserer Versklavung selber schuld, wenn wir aus Angst oder Bequemlichkeit das Böse akzeptieren oder sogar unsere Stimme bei den Wahlen dafür abgeben. Wenn wir aus Bequemlichkeit oder aus Angst das Böse unterstützen, haben wir kein Recht, es anzuprangern, weil wir selbst zu den Schöpfern des Bösen werden und helfen, es zu legalisieren. Die Prüfung der Tapferkeit haben die Arbeiter im August 1980 bestanden, und viele von ihnen tun es heute noch. Die Schüler aus Mietno haben Tapferkeit bewiesen, als sie mutig das Kreuz Jesu verteidigten. Die Prüfung der Tapferkeit haben in der letzten Zeit unsere gefangenen Brüder bestanden, welche die Freiheit um den Preis des Verrats der Ideale abgelehnt haben.

Zum Schluß soll uns eine Warnung das Bewußtsein sein, daß das Volk zugrunde geht, wenn ihm der Mut fehlt, wenn es sich täuschen läßt, indem es behauptet, daß alles seine richtigen Wege geht, obwohl nichts in Ordnung ist, wenn es sich nur mit Halbwahrheiten zufrieden gibt. Das Bewußtsein, von anderen die Wahrheit zu verlangen, selbst in der Wahrheit zu leben, müßte uns täglich begleiten. Wenn wir Gerechtigkeit verlangen, sollten wir selbst zu unseren Nächsten gerecht sein. Wenn wir Tapferkeit verlangen, sollten wir selbst tapfer sein.

Gerechtigkeit - auf Wahrheit und Liebe aufgebaut

24. Juni 1984

Die heutige Liturgie stellt uns Johannes den Täufer als Menschen dar, über der schon der Prophet Isaias sagte: «Er ist die Stimme des Rufenden in der Wüste.»

Er war der Mensch, der die Herzen der Menschen auf das Zusammentreffen mit Jesus, der ihm folgen sollte, vorbereitete. Sie stellt uns einen mutigen und gerechten Menschen dar, der den Mut hatte, das Böse und die Ungerechtigkeit, sogar den König, der seinem Bruder die Frau nahm, zu tadeln.

Der heilige Johannes der Täufer, als mutiger und gerechter Mensch, kann zum Patron und Idol für alle werden, die heute ihr Leben in Gerechtigkeit, Wahrheit und Liebe aufbauen wollen. Ein gerechter Mensch ist derjenige, der sich nach der Liebe und der Wahrheit richtet. Je mehr Wahrheit und Liebe im Menschen ist, desto mehr Gerechtigkeit besitzt er. Die Gerechtigkeit soll mit der Liebe eine Einheit bilden, weil ohne Liebe die volle Gerechtigkeit nicht möglich ist. Dort, wo Liebe und Güte fehlen, tauchen an ihrer Stelle Haß und Gewalt auf. Wenn sich der Mensch nach Haß und Gewalt richtet, darf er von keiner Gerechtigkeit sprechen. Deshalb wird so schmerzhaft die Ungerechtigkeit in den Ländern empfunden, in denen die Macht nicht im Dienst des Volkes steht und sich nicht der Liebe bedient, sondern der Gewalt und der Versklavung. Die Voraussetzung des Friedens des Gewissens, des Friedens in der Familie, im Vaterland und in der Welt ist die Gerechtigkeit, die auf Liebe gebaut ist. Wir alle ohne Ausnahmen wünschen uns Frieden. Frieden jedoch kann man nicht alleine durch Deklarationen, auch wenn sie ehrlich gemeint sind, und schon gar nicht durch Demagogie erhalten.

Für Frieden und Ruhe in der Heimat, für die Schaffung der Bedingungen eines freudigen und fruchtbringenden Aufbaus muß erst das beseitigt werden, was das Volk als gesellschaftliche Ungerechtigkeit empfindet. Es gibt zuviel persönliches und gesellschaftliches Unrecht, welches sich daraus ergibt, daß die Gerechtigkeit mit der Liebe nicht im Einklang steht, daß die Gerechtigkeit zu viele Unzulänglichkeiten aufweist und sich oft als eine schreiende Ungerechtigkeit erweist. Schauen wir uns doch einige offensichtliche und grobe Erscheinungen der Ungerechtigkeit an. Eine sehr wichtige Sache für einen Christen ist die Erkenntnis, daß die Quelle der Gerechtigkeit Gott selbst ist. Es ist schwer, dort über Gerechtigkeit zu sprechen, wo es keinen Platz für

Gott und seine Gebote gibt. Gerechtigkeit läßt uns die Regelwidrigkeit und das Unrecht bewußt werden, welche unserem in seiner Mehrheit christlichen Volk angetan werden, wenn es für das auch von Christen erarbeitete Geld amtlich atheisiert wird. Die Gerechtigkeit verbietet es, in den Seelen der Kinder und der Jugend diese christlichen Werte zu vernichten, welche die Eltern schon von der Geburt an ihren Kindern eingeprägt haben. Werte, die sich in der tausendjährigen Geschichte bewährt haben. Gerechtigkeit auszuüben und sie zu fordern ist die Pflicht eines jeden, so wie Platon schon sagte: «Schlimm sind die Zeiten, wenn die Gerechtigkeit schweigt.» Die Gerechtigkeit fordert von uns eine ehrliche und objektive Beurteilung der lawinenartigen Propaganda. Die Gerechtigkeit fordert von uns, dem Menschen mit gutem Willen und Liebe entgegenzutreten, der als Abbild Gottes geschaffen worden ist und nach Gott das Wichtigste ist. Deswegen soll bei der Urteilssprechung die Liebe für den Menschen den Vorzug haben.

Die Gerechtigkeit verbietet, die Freiheit des Menschen mit der Verabschiedung immer wieder neuer und für die Regierenden bequemer Gesetze einzuschränken. Man soll diejenigen, die meinen, daß sie im Namen des Humanismus tätig und um das Wohl der Gesellschaft besorgt sind, an die Worte eines Walisen erinnern, der sagte: «Je größer die Einschränkungen der bürgerlichen Freiheiten, desto inhumaner das System.»

Die Gerechtigkeit und das Recht auf die Wahrheit verpflichten uns, von diesem Platz aus und nicht zum ersten Mal die Einschränkung der mutwilligen Zensur zu fordern, welche ein schlechtes Zeugnis über unsere Zeit für die Zukunft ausstellt und die Menschen heute der Möglichkeit der Erkennung der Wahrheit beraubt. Im Namen der Gerechtigkeit muß erkannt werden, was für ein großes Werk Solidarnosc im Umbruch des Bewußtseins der Polen vollbracht hat, ohne das zu verschweigen, was unreif und spontan, marktschreierisch und erfolgsarm in ihrem Wirken war. «Dieses Wort», sagte der Heilige Vater über Solidarnosc am 1. Januar 1982, «erzählt uns von der großen Anstrengung, welche die Arbeiter in meinem Land geleistet haben, um die Würde des arbeitenden Menschen zu bewahren.»

Eine Ungerechtigkeit ist es zu behaupten, daß Solidarnosc ständig zu Streiks aufgerufen hat und dadurch das Land in eine Krise stürzte. In seinem Brief vom 6. Dezember 1981 schrieb der verstorbene Primas: «Man muß feststellen, daß seit einer langen Zeit die Gewerkschaftsorganisationen und die mächtigste von ihnen, die NSZZ Solidarnosc, gegen spontane Streiks kämpften».

Der Bischof Majdanski sprach zu den Arbeitern: «Schauen wir uns die anderen Länder an, wo Streiks seit Jahrzehnten andauern und doch alles im Überfluß vorhanden ist. Nicht hier also ist die Ursache der Krise zu suchen.» Die Gerechtigkeit fordert die Gewährung der Rechte, welche jedem zustehen. So auch das Recht auf Arbeit gemäß dem erlernten Beruf und Kündigungsschutz im Falle einer anderen Gesinnung. Darüber sprach der Primas Polens am 2. Februar 1982: «Es gibt eine Sache, die der Kirche am Herzen liegt, und zwar die Entlassungen derjenigen, die sich dem Austritt aus der Solidarnosc widersetzen. Und gegen diese Ungerechtigkeit, welche eine Verspottung der menschlichen Rechte ist, treten wir ein.» Dies war die Antwort des Primas auf die ungerechte Anordnung, welche General Michał Janiszewski am 17. Dezember 1981 auf Anweisung des Premiers herausgegeben hat. Dieses Problem ist bis heute noch nicht gelöst. Die Gerechtigkeit verlangt, daß die arbeitenden Menschen die Möglichkeit erhalten, sich in den Gewerkschaften, die ihrer Gesinnung entsprechen, zu organisieren. In der Enzyklika 'Laborem exercens' sagte der Heilige Vater Johannes Paul II.: «Die Gewerkschaften dürfen den Entscheidungen der politischen Parteien nicht unterliegen, auch keine engen Verbindungen zu ihnen haben. In der genannten Situation verlieren sie leicht die Verbindung zu ihrer eigentlichen Aufgabe, das heißt der Sicherung der Rechte der arbeitenden Menschen im Rahmen des gemeinsamen Wohls der ganzen Gesellschaft und werden zum Werkzeug fremder Ziele.»

Wie dieses Problem in unserem Vaterland aussieht, können die arbeitenden Menschen am besten selbst beurteilen. Im Namen der Gerechtigkeit sollte die Jugend das Recht haben, sich in den Verbänden organisieren zu dürfen, die ihrer Gesinnung entsprechen. Die Gerechtigkeit verlangt, den Willen der Mehrheit bei der Wahl der Hochschulrektoren zu beachten und nicht gegen den Willen der Jugend und der Mitarbeiter der Universität diejenigen des Postens zu entheben, die weise und edel sind und den Mut haben, ihre Gesinnung vorzubringen und die Rechte der akademischen Jugend zu verteidigen.

Die Gerechtigkeit gibt uns das Recht und die Pflicht, von dieser Stelle aus, von der schon seit zweieinhalb Jahren ein inniges Gebet der leidenden Herzen strömt, die Befreiung der für ihre Gesinnung Gefangenen und die Wiedergutmachung des ihnen angetanen moralischen Unrechts zu fordern. Sie gibt uns das Recht, die Freilassung der Gefangenen, die schon seit 31 Monaten ohne Urteil und Prozeß festgehalten werden, ohne jegliche Bedingungen zu fordern. Die Mitarbeiter der Gerichtsbarkeit dürfen nicht vergessen, daß im Namen der Gerechtigkeit Gottes der Mensch wichtiger ist als Paragraphen. In unserer Wirklichkeit werden die Paragraphen und die Vorschriften nicht nur für die Enthüllung der Wahrheit, sondern auch für die Peinigung des Menschen ausgenutzt. Diesem Berufsverband wird ein großes Unrecht angetan, da denjenigen, die dieses erkannt haben und im Einklang mit ihrem gerechten Gewissen und nicht nach den von oben vorgeschribenene Anweisungen arbeiten möchten, die Ausübung des Berufes untersagt wird.

Ich bin mir dessen bewußt, daß dies nur einige Probleme sind, die sich aufgrund der fehlenden Gerechtigkeit im gesellschaftlichen Leben ergeben. Jeder der hier Anwesenden könnte zu diesem Thema noch viel mehr und lange erzählen. Wir verbleiben dabei, was ich schon gesagt habe.

Wir sollten uns im Inneren unseres Herzens und Gewissens überlegen, inwieweit jeder von uns den Mut besitzt, Gerechtigkeit zu fordern, inwieweit jeder von uns der Schöpfer der Gerechtigkeit im Rahmen der eigenen Familie, der Umgebung und in sich selbst ist. Denn oft wird dank unserer moralischen Passivität Ungerechtigkeit inspiriert. Wenn wir an die Worte Christi denken, daß unsere Gerechtigkeit die der Gelehrten und Pharisäer überragen soll (Matth. 5, 20), dann sind wir würdig, den Segen Gottes aus der Bergpredigt zu empfangen: «Gesegnet sind die, die Gerechtigkeit begehren, denn sie werden gesättigt.» (Matth. 5, 6)

Wurzeln und Hoffnung der Solidarnosc

26. August 1984

In der Geschichte unseres Volkes war Maria, die Mutter Gottes, ein unzertrennliches Element unseres Schicksals. Sie hat sich den königlichen Sitz in Jasna Gora auserwählt und bewirkte, daß an dieser Stelle die Polen immer und vor allen Dingen in der Zeit der Unterdrückung unseres Volkes sich wirklich frei fühlten. So wie während der Schlacht bei Grunwald, der schwedischen Invasion, der Schlacht bei Wien, im Jahre 1920 und während des Zweiten Weltkrieges, so auch in der Nachkriegszeit war sie diejenige, die die Hoffnung im polnischen Volk stärkte.

Während der Teilung Polens und besonders in dem von den Russen annektierten Gebiet spielte der marianische und der religiöse Faktor bei den patriotischen Kundgebungen eine große Rolle. Die zaristischen Aufseher kämpften auch gegen die marianischen Lieder, die in den

Kirchen gesungen wurden. Die Einheiten der Kosaken sahen ebenfalls in der Mutter Gottes von Tschenstochau ihren Feind. Die Häuser wurden nach den Abbildern durchsucht. Von den Türen und den Mauern der Häuser wurden Bilder, welche wie Flugblätter aufgeklebt waren, abgerissen. Mit Ehrfurcht hörten die Beamten des Zaren von den sogenannten 'Kriegswundern' der Herrin von Jasna Gora, die sie während des Januar-Aufstandes eine Hauptrevolutionärin nannten.

Im Jahre 1920, kurz nach der Wiedergewinnung der Unabhängigkeit, wiederholte der polnische Episkopat die Wahl der Mutter Gottes von Tschenstochau zur Königin Polens. Feierlich wurde deklariert: «Hier auf Jasna Gora, wo jeder Stein ein Zeuge der Wunder Deiner Fürsorge über unser Volk, ist, strecken wir unsere Hände Dir, Mutter des Erbarmens, entgegen, damit Du in der schweren Zeit unserem Land Hilfe gewährst.»

Maria war immer für unsere Nation eine Mutter, die ihre Kinder im Glauben und in der Hoffnung unterstützt hat, daß das Schicksal der gepeinigten Heimat sich ändern möge. In ihrem Abbild, der Schwarzen Madonna, über die der Dichter Lechon schreibt, daß man ihr «in jeder Hütte, in jeder Kirche, im Geschäft, im Festraum, in der Hand des Sterbenden und über der Wiege» begegne, gelangte sie überall dorthin, wo Glaube und Hoffnung erwachten. In ihrem Abbild gelangte sie im August 1980 bis an die Werften von Danzig und Stettin, an die Kohlengruben Schlesiens und an die Hütte Warschau. Sie war Zeuge des nachfolgenden patriotischen Aufstandes unserer Volkes und der Geburt von Solidarnosc. Heute, am vierten Jahrestag der Gründung der Solidarnosc, haben wir die Pflicht, uns genauer an die Stimmung der damaligen heißen Augusttage zu erinnern. In diesen Tagen der Sorge um das Vaterland, des Schmerzes und der Unruhe des Herzens, der physischen und seelischen Qual, auf den Knien mit einem Rosenkranz in der Hand, vor den Feldaltaren, im religiösen und patriotischen Gesang, im verzweifelten Ruf der Arbeiter nach der Würde der Arbeit und des Menschen, mit Unterstützung der Intelligenz und der Kulturwelt entstand die Solidarnosc.

Die Solidarnosc des polnischen Volkes hatte ihre Wurzel in früheren Forderungen nach Wahrheit und Gerechtigkeit in den Jahren 1956, 1968, 1970 und 1976. Sie hatte ihre Wurzel in den Tränen, dem Unrecht und dem Blut der Arbeiter und der Erniedrigung der akademischen Jugend. Deswegen wuchs sie schnell zu einem mächtigen Baum, der in seinen Ästen das ganze Land umschloß. Obwohl sie sich stürmisch entwickelte, wurde jedoch in den fünfzehn Monaten ihrer legalen Aktivität kein Mensch getötet oder verwundet. Diese im August 1980 geborene Solidarnosc ist nicht nur eine Gewerkschaft, die diesen

Namen für sich wählte, sondern ein Drängen des ganzen Volkes nach Wahrheit, Gerechtigkeit und Frieden. Die Bestätigung dafür, daß sie eine Solidarnosc der ganzen Nation war, ergibt sich aus der Tatsache, daß der Kriegszustand gegen das ganze Volk und nicht nur gegen die Gewerkschaft ausgerufen wurde.

Vor zwei Jahren, im August, sagte ich, daß die Solidarnosc verwundet wurde, und diese Wunde blutet immer noch, aber sie ist nicht tödlich, weil die Hoffnung nicht getötet werden kann. Heute sehen wir und fühlen es noch deutlicher, besonders, wenn wir die Treue gegenüber den Idealen bei unseren Brüdern, die aus den Gefängnissen entlassen worden sind, bewundern, und wir sehen, daß die Hoffnungen vom August 1980 Leben und Früchte tragen. Sie sind heute um so wertvoller, weil sie in die menschlichen Herzen und den Verstand eingedrungen sind. Das, was im Herzen ist, was mit dem Menschen tief verbunden ist, kann mit Gesetzen und Verboten nicht vernichtet werden.

An dieser Stelle erinnere ich an eine Geschichte, die sich in einem afrikanischen Staat, in dem Hunger herrschte, abgespielt hat. Der Führer dieses Landes verbot unter der Androhung einer schweren Strafe, das Wort Hunger zu benutzen, und verkündete der ganzen Welt, daß das Hungerproblem in seinem Land gelöst worden sei. Dieses Problem existiert in unserem Land und wird weiterhin existieren, weil Solidarnosc eine Hoffnung auf die Befriedigung des Hungergefühls des menschlichen Herzens, des Hungers nach Liebe, Gerechtigkeit und Wahrheit ist.

Dieses Wort darf nicht mißhandelt und in der angeblich ruhmlosen Vergangenheit eingeschlossen werden, weil dieses Wort, das sich der Achtung der ganzen Welt erfreut, wie der Heilige Vater sagte, «ein ruhmvolles Wort ist und mit der höchsten Ehre des Friedens, dem Nobelpreis, ausgezeichnet wurde.»

Die Hoffnungen vom August 1980 leben weiter. Wir haben eine moralische Verpflichtung, sie zu pflegen und in uns und in unseren Brüdern zu stärken. Wir sollen uns von der Furcht, welche die Herzen und den Verstand lähmt, befreien. Ich wiederhole noch einmal die schon so oft zitierten Worte: Man soll sich nur vor dem Verrat an Christus für ein paar Silberlinge fürchten.

Wir haben die Pflicht, für die Wahrheit über den August 1980 ein Zeugnis abzulegen, wie es seit drei Jahren die Führer der Gewerkschaft Solidarnosc tun. Wir haben die Pflicht, die Verwirklichung der Hoffnungen des Volkes zu fordern. Wir müssen das mit Mut und Besonnenheit tun. Wir müssen uns der geographisch-politischen Lage, in der wir uns befinden, bewußt werden, und zugleich darf diese Lage kein bequemer Vorwand für den Verzicht auf die dem Volk zustehenden Rechte sein. Man soll sich an einen Tisch setzen und in einem ehrlichen Gespräch mit Rücksicht auf das Volk des Vaterlandes eine richtige Lösung der Probleme suchen. Man soll sich an diesen Tisch setzen mit den wirklichen Vertretern des Volkes, denen das Volk vertraut, und nicht fingierte Gespräche mit den künstlich ins Leben gerufenen Organisationen führen. Seinerzeit schrieben die Bischöfe, daß zur gesellschaftlichen Verständigung einerseits die Regierung und andererseits die Vertreter der gesellschaftlichen Gruppen, in diesem Fall die durch die Gesellschaft anerkannte Solidarnosc, gehören. Man soll die Schranken, die den Dialog zwischen dem Volk und der Regierung verhindern, entfernen. Dazu gehört die ehrlich durchgeführte totale Amnestie für alle Gefangenen und der auf Grund der politischen Ansichten Festgehaltenen. Man soll das Unrecht, besonders das moralische, an denen, die ihre Heimat selbstlos auf eine eigene Art und Weise geliebt haben, wiedergutmachen. Man soll eine bedingungslose Rückkehr zum normalen Leben denen ermöglichen, die sich verstecken müssen, weil sie schon einen hohen Preis der Mißhandlung bezahlt haben.

Das polnische Volk hegt keinen Haß, und deswegen ist es imstande, vieles zu verzeihen, aber nur um den Preis einer Rückkehr zur Wahrheit. Weil die Wahrheit und ausschließlich nur die Wahrheit die erste Voraussetzung für das Vertrauen ist. Dieses auf so eine schmerzliche Art und Weise verletzte Volk wird keine unbewiesenen Deklarationen hinnehmen.

Bitten wir also die heiligste Mutter, die Herrin von Jasna Gora, an ihrem Feiertag um Hilfe, damit alle in unserem Land begreifen, daß man das Vaterland nicht auf Lüge, Gewalt und Haß aufbauen kann.

Wir bitten mit den Worten des Heiligen Vaters vom 4. August 1982: «Mutter! Vielleicht war es noch nie so wie in diesem Augenblick nötig, daß Du in Deinen mütterlichen Händen die Herzen und die Gedanken der Polen einschließt und Dich des Schicksals meines Volkes annimmst.» Bitten wir mit den Worten eines Gebets um einen Segen für die Arbeiter in den Fabriken, die Landwirte auf ihren Feldern, die Lehrer und Erzieher bei ihrer Arbeit, die Schüler in der Ausbildung, die Mitarbeiter des Gesundheitswesen, für alle, die sich um das Wohl unseres Vaterlandes sorgen.

Bitten wir mit den Worten aus dem Gedicht einer zeitgenössischen Dichterin: «Polens Königin, Dein treues Polen verneigt sich zu Deinen Füßen und bittet: Gib Frieden unseren Tagen und unseren Herzen Solidarnosc.»

Die Verteidigung der Nächstenliebe

9. September 1984

Die heutige Lesung läßt uns das Gebot der Nächstenliebe analysieren und feststellen, daß die Liebe Gleichgültigkeit gegenüber der ungerechten Handlungsweise des anderen Menschen verbietet. Eine Angelegenheit, die sich aus der Nächstenliebe ergibt und gerade jetzt im September zum Anfang des Schuljahres aktuell ist, betrifft die Schule und die christliche Erziehung der Kinder und der Jugend.

(Hier wird der erste Teil der Predigt, der eine Wiederholung der Predigt vom 26. 2. 1984 ist, ausgelassen.)

Die nächste Angelegenheit, die sich aus der Nächstenliebe ergibt und das Wohl des anderen Menschen genauso wie das Unrecht, welches er begeht, berücksichtigt und uns verpflichtet zu mahnen, ist aus der letzten Woche. Man könnte mir hier vorwerfen, ich betreibe Politik, aber in einem Land, in dem die Politik straflos in jeden Bereich des gesellschaftlichen Lebens eingreift, müssen einige Angelegenheiten von der moralischen Seite betrachtet werden. Diese Angelegenheit ist beunruhigend und betrifft die letzte Aussage des Regierungssprechers, der feststellte: «Manche Experten des Strafrechts schlagen vor, eine Möglichkeit der Einführung neuer Strafen in den Strafkodex zu überlegen: die Strafe der Entziehung der öffentlichen Rechte, die Strafe einer Ausweisung auf unbestimmte Zeit für solche Personen, welchen ein Vergehen gegen den Staat nachgewiesen werden kann, das auf der Nichtbeachtung der Verfassungsregel des Systems beruht. Experten, die über dieses Projekt diskutieren, weisen darauf hin, daß die Ausweisung als eine Rechtsmaßnahme der Rechtsprechung der kapitalistischen Länder nicht fremd ist» (Zycie Warszawy, 5. September 1984, S. 2).

Unabhängig von der Tatsache, daß die Regierung in Polen mit diesem Rechtsakt einen Rückschritt in das Mittelalter getan hätte und weiterhin die Rechtsprechung des Kapitalismus kein Nachahmungsmodell für die Länder 'des wirtschaftlichen und humanitären' Systems sein dürfte, ist alleine schon dieser Gedanke ein Verbrechen gegen das Volk. Denn der Regierungssprecher hatte nicht an gewöhnliche Kriminelle gedacht, sondern die besten Söhne des Vaterlandes gemeint, die sich mutig gegen die Vernichtung des nationalen Geistes einsetzen.

Der Regierungssprecher behauptet weiter: «Einige nichteuropäische

Länder wären unter abgesprochenen Bedingungen bereit, die ausgewiesenen Personen aufzunehmen.» (Z.W. - s.o.)

Vielleicht sollten diejenigen, die auf so eine Idee gekommen sind, die eigene Bindung zur Heimat und ihren Patriotismus überprüfen. Wahrscheinlich hätte das Volk nichts dagegen, wenn gerade sie die Möglichkeit zur Ausweisung, nicht unbedingt außerhalb Europas, wahrnehmen würden.

Der Heilige Vater mahnte während des Kriegszustands: «In Polen darf kein Platz für Polen fehlen! Jeder Mensch hat ein Recht auf seine Heimat. Niemand darf zu einer Ausweisung verurteilt werden.»

Niemand hat das Recht, andere ihrer Heimat, in welcher sie seit Generationen leben, zu berauben. Diese beiden schwierigen und wichtigen Angelegenheiten vertrauen wir Gott in unserem Gebet an und denken darüber in der laufenden Woche nach.

Besiege das Böse mit dem Guten

8. Oktober 1984

Meine Lieben, der Heilige Vater Johannes Paul II. wandte sich am 23. Juni 1982 an die Mutter Gottes von Jasna Gora mit folgenden Worten: «Mutter meines Volkes, hilf ihm, sich dem Bösen zu widersetzen und es mit dem Guten zu besiegen.»

Das ist der Sinn der gegenwärtigen Kraftprobe, die nicht die erste ist. In jeder von ihnen beweisen sich der Verstand, das Herz und der Wille, indem sie sich dem Bösen widersetzen und es mit dem Guten besiegen.

«Ich danke Dir, Mutter», betete der Heilige Vater weiter, «für alle, die auf diese Weise handeln, die in ihrem Gewissen, Herzen und Willen die Kräfte finden, inmitten der bitteren Erfahrungen und Leiden das Gute zu vermehren und zu stärken. Ich danke Dir für alle, die ihrem Gewissen treu bleiben, die, selbst mit der Schwäche kämpfend, die anderen zu stärken versuchen. Ich danke Dir für alle, die sich dem Bösen widersetzen und es mit dem Guten besiegen.»

Menschliche Würde und Freiheit

Nur derjenige kann das Böse besiegen, der selbst reich an Gutem ist, der sich um die Entwicklung der Eigenschaften sorgt, welche ihm die

Würde des Kindes Gottes verleihen. Das Gute zu mehren und das Böse zu bekämpfen bedeutet, die eigene menschliche Würde zu pflegen. Das Leben soll würdig gestaltet werden, denn schließlich gibt es nur ein Leben. Man muß heute viel über die menschliche Würde reden, um zu verstehen, daß der Mensch alles, was auf der Welt existiert, überragt - außer Gott.

Der Mensch überragt jede Weisheit der Welt.

Die Würde zu bewahren, um das Gute zu mehren und das Böse zu besiegen, bedeutet, innerlich frei zu bleiben, auch in der Situation der äußeren Gefangenschaft, bedeutet selbst, in jeder Lebenssituation treu zu bleiben.

Als Söhne Gottes dürfen wir keine Sklaven sein. Gottes Sohn zu sein bedeutet, das Erbe der Freiheit in sich zu tragen. Die Freiheit wurde dem Menschen als Ausmaß seiner Größe gegeben. Die wahre Freiheit ist die primäre Eigenschaft der Menschheit. Sie wurde nicht nur uns von Gott geschenkt, sondern auch unseren Brüdern. Daraus ergibt sich die Pflicht, sie dort zu fordern, wo sie ungerecht eingeschränkt wird. Die Freiheit ist nicht nur ein Geschenk Gottes für uns, sondern auch eine Aufgabe für das ganze Leben.

Gerechtigkeit

Würde zu bewahren, um das Gute zu mehren und über das Böse zu siegen, das heißt, sich nach der Gerechtigkeit zu richten. Die Gerechtigkeit resultiert aus der Wahrheit und Liebe. Sie muß im Einklang mit der Liebe stehen, weil ohne die Liebe eine wahrhaftige Gerechtigkeit nicht möglich ist. Wo die Liebe und die Güte fehlen, dort schließt sich die Lücke mit Gewalt und Haß. Wer sich nach Gewalt und Haß richtet, der kann nicht über Gerechtigkeit reden. Ungerechtigkeit ist in den Ländern sichtbar, in welchen sich die Regierung nicht der Liebe und der Gerechtigkeit, sondern der Gewalt und der Unterdrückung bedient. Für den Christen ist es sehr wichtig, sich bewußt zu werden, daß die Quelle der Gerechtigkeit Gott selbst ist. Es ist schwer, über die Gerechtigkeit dort zu reden, wo es keinen Platz für Gott und seine Gebote gibt, wo das Wort Gott von Amts wegen aus dem Leben des Volkes eliminiert ist. An dieser Stelle sollen wir uns über das Unrecht bewußt werden, welches unserem Volk in seiner entscheidenden christlichen Mehrheit angetan wird, indem man es ebenfalls von Amts wegen atheisiert, und das mit dem Geld, welches auch der Christ erarbeitet hat.

Wir sollten uns über die Vernichtung der christlichen Werte in den Seelen der Kinder und der Jugend, welche die Eltern ihnen schon von der Geburt an eingeprägt haben, bewußt werden. Diese Werte haben sich in der tausendjährigen Geschichte unseres Landes mehrmals bewährt. Gerechtigkeit auszuüben und zu fordern ist ohne Ausnahme die Pflicht eines jeden, so wie ein klassischer Gelehrter sagte: «Schlimm sind die Zeiten, wenn die Gerechtigkeit verstummt.» Wir sollten im Inneren unserer Herzen und Gewissen überlegen, inwieweit jeder von uns selber der Schöpfer der Gerechtigkeit im Kreise seiner Familie und in seiner Umgebung ist. Schon die moralische Passivität alleine inspiriert die Ungerechtigkeit und mehrt das Böse.

Die Wahrheit

Das Gute zu mehren und das Böse zu besiegen bedeutet, sich täglich nach der Wahrheit zu richten. Die Wahrheit ist eine sehr empfindliche Eigenschaft unseres Verstandes. Das Bestreben nach der Wahrheit wurde dem Menschen von Gott selber eingeprägt. Deswegen steckt im Menschen ein natürliches Streben nach der Wahrheit und eine Abneigung gegen die Lüge. Wahrheit und Mut sind die wichtigsten Werte im Leben eines Menschen und besonders eines Christen. Sie ist ähnlich wie die Gerechtigkeit eng mit der Liebe verbunden. Die Liebe kommt uns teuer zu stehen. Die wahre Liebe ist opferbereit, deswegen muß uns die Wahrheit etwas kosten. In der Wahrheit zu leben bedeutet, mit dem Gewissen im Einklang zu stehen. Sie vereinigt und verbindet die Menschen. Die Wahrheit erschreckt und demaskiert die Lügen der kleinen und verstörten Menschen. Ununterbrochen seit Jahrhunderten dauert der Kampf gegen die Wahrheit an. Die Wahrheit ist unsterblich, die Lüge stirbt jedoch einen schnellen Tod.

Der verstorbene Primas Kardinal Wyszynski sagte: «Man braucht nicht viele Leute, die über die Wahrheit sprechen. Christus hatte nur einige für die Wahrheit auserwählt. Nur die Lüge braucht viele Worte, weil sie kleinkariert und detailliert ist. Sie wechselt wie die Ware im Regal, muß immer aktuell sein und viele Diener haben, welche programmgemäß die Lüge erlernen müssen, für heute, morgen und übermorgen. So viele Leute werden für die Verkündung der Wahrheit nicht benötigt. Sie strahlen die Wahrheit aus, die Menschen finden sie und kommen von weit her, um die Worte der Wahrheit zu hören, weil die natürliche Sehnsucht nach ihr groß ist. Wir dürfen keine halben, oberflächlichen und aufgezwungenen Wahrheiten empfangen und uns damit zufrieden geben. Wir müssen lernen, die Lüge von der Wahrheit zu unterscheiden. Dies ist nicht leicht in der Zeit, in der wir leben, in der Zeit, über die der zeitgenössische Dichter sagte: «Noch nie wurde auf so eine grausame Art und Weise unser Rücken mit der Peitsche der

Lüge und Verlogenheit geschlagen.» Es ist heute nicht einfach, wenn die Zensur in der katholischen Presse die Worte der Wahrheit und die mutigen Gedanken, sogar die Worte des Primas, des Heiligen Vaters und auch der Heiligen Schrift wegstreicht. Es ist heute nicht einfach, wenn dem Christen nicht nur die Bekämpfung der Meinung des Gegners und die Auseinandersetzung verboten werden, er nicht einmal die eigene Meinung und auch nicht die allgemein-menschliche Auffassung verteidigen darf.

Im Angesicht des unrechten und verleumderischen Angriffs darf er sogar die Falschheit nicht bloßstellen, wobei die anderen ihre volle Freiheit genießen, sie straflos verkünden und verbreiten.

Es ist heute nicht einfach, wenn in den letzten Jahrzehnten in den heimatlichen Böden das Korn der Lüge und des Atheismus gesät wurde. Die Pflicht eines jeden Christen ist es, für die Wahrheit geradezustehen, auch wenn sie viel kosten sollte, weil die Wahrheit ihren Preis hat. Nur die Spreu ist kostenlos, für das Weizenkorn der Wahrheit muß bezahlt werden. Schon der Dichter Novalis sagte: «Der Mensch stützt sich auf die Wahrheit, und wenn er sie verrät, hat er sich selbst verraten».

Die Lüge entwürdigt den Menschen und bleibt eine Eigenschaft der Sklaven und der niederträchtigen Leute. Der Heilige Vater sagte im Februar vergangenen Jahres: «Du bist kein Sklave. Du darfst kein Sklave sein. Du bist ein Sohn.»

Das Leben läßt sich nicht hintergehen, genauso wie der Boden: «Wenn Spreu gesät wird, wird nur Unkraut geerntet». Das Evangelium bleibt über Jahrhunderte fruchtbringend, weil es die Wahrheit ist.

Ideologien, die sich nach der Lüge und der Gewalt richten, verfallen, bringen faule Früchte und eine moralische Verwüstung, auch wenn sie erhabene Parolen verkünden. Wir haben genügend Beispiele dafür in der Geschichte Europas und der Welt.

Der Mut

Die grundlegende Bedingung der Befreiung des Menschen für die Gewinnung der Freiheit und für die Bekämpfung des Bösen, das eine Lüge ist, ist das Gewinnen der Tugend der Tapferkeit. Sie bedeutet die Überwindung der menschlichen Schwächen, besonders der Angst. Ängstigen sollte man sich nur vor dem Verrat an Christus. Alleine eine Verurteilung des Bösen, der Lüge, der Feigheit, des Hasses und der Gewalt darf dem Christen nicht ausreichen. Der Christ soll der wahre Zeuge, Vertreter und Verteidiger der Gerechtigkeit, Güte, Wahrheit, Freiheit und Liebe sein. Für diese Werte soll er sich mutig für sich selber und die anderen einsetzen. «Nur ein mutiger Mensch kann wahrhaftig gescheit und gerecht sein.» (Joh. Paul II.) Wehe der Gesellschaft, deren Bürger keinen Mut haben! Sie hören dann auf, Bürger zu sein, sie werden zu Sklaven. Wenn der Bürger auf die Tugend der Tapferkeit verzichtet, wird er zum Sklaven. Damit fügt er sich selber, seiner Persönlichkeit, seiner Familie, seinen Arbeitskollegen, seinem Volk, seinem Staat und seiner Kirche das größte Leid zu. Der nicht tapfere Bürger kann leicht für den Preis der Angst, des Brotes und der nebensächlichen Gunst geworben werden. Wehe den Regierenden, die den Bürger für den Preis der Verängstigung und der Sklavenfurcht gewinnen wollen.

Wenn die Regierung verängstigte Bürger regiert, verliert sie ihre Autorität und beraubt das Leben seiner national-kulturellen und beruflichen Werte. «Die Sorge um die Tapferkeit sollen genauso wie die Regierung auch die Bürger tragen.» (Kardinal Wyszynski)

Wir sollten uns bewußt werden, daß wir, wenn wir die Wahrheit von anderen verlangen, selbst in der Wahrheit leben müssen, wenn wir die Gerechtigkeit verlangen, selbst mutig und tapfer sein müssen.

Der Heilige Vater erinnerte in seiner Predigt in Krakau im Juni vergangenen Jahres an die Worte des Psalms, die unser Wegweiser in den gegenwärtigen schweren Tagen der Unterdrückung des Volkes sein sollen: «Der Herr ist mein Hirte. Auch wenn ich durch das dunkle Tal gehen werde, werde ich mich nicht fürchten, weil Du bei mir bist.»

Wir werden das Böse nicht fürchten. Wir werden das Böse schrittweise aus unserem persönlichen, familiären und gesellschaftlichen Leben verbannen, wenn wir in Glaube, Hoffnung und Liebe stark werden, wenn wir den Weg der Wahrheit und Gerechtigkeit wählen und die innere Freiheit und die Würde bewahren. Wir werden das Böse nicht fürchten, wenn wir tätlich in uns selbst, in unseren Familien, in unserer Umgebung und in unserem Vaterland eine Solidarität der Herzen und des Verstandes bauen werden. Wir werden das Böse nicht fürchten, wenn Jesus selbst und seine Lehre unser Weg, unsere Wahrheit und unser Leben werden.

Die Überlegungen

Der Kreuzweg

Während der ersten Pilgerfahrt der Arbeiter nach Jasna Gora

18. September 1983

Wir wollen den Kreuzweg an dieser heiligen Stelle, wo seit sechshundert Jahren die Mutter Gottes thront, abhalten. Ich gehe heute mit den Vertretern der schwer arbeitenden Menschen, die in den letzten Jahren die Fahnen mit den Parolen 'Gott, Ehre, Glauben, Solidarnosc und Vaterland' hoch getragen haben.

Erste Station: Jesus wird zum Tode verurteilt

Wir bleiben mit der gesamten Menschheit am Kreuzweg Christi stehen. Wir erinnern uns an die Worte Christi, der sagte: «Wer mit mir gehen will, der nehme sein Kreuz und folge mir.»
Durch das Kreuz Christi haben wir alle die Freiheit empfangen und wurden Kinder Gottes. In unserem Vaterland sind immer noch viele unserer Brüder der Freiheit beraubt. Deswegen bitten wir um die Freiheit für alle, die der Freiheit ungerecht beraubt worden sind.

Zweite Station: Jesus nimmt das schwere Kreuz auf seine Schulter

Christus, der das Kreuz auf seine Schultern nimmt, begleitet uns auf unserem Kreuzweg. Wir sind fähig, unser persönliches Kreuz, das Kreuz unserer Familien und unserer gequälten Heimat zu tragen.
Wir sind fähig, jedes Kreuz zu tragen, wenn wir Jesus Christus zum Vorbild haben.
Er sagte zu uns: «Kommt alle zu mir, die ihr mühselig und beladen seid.» Die Arbeiterwelt zeigte uns, daß sie das eigene Kreuz und das der Nation tragen kann, als sie auf den Knien mit dem Rosenkranz in der Hand und mit religiösen Liedern im August 1980 das Kreuz des Vaterlandes aufgenommen hat, um unter ihm die Auferstehung anzustreben.

Auf dem Weg unseres Lebens treffen wir viele Schwierigkeiten an. Eine von diesen ist die Vernichtung des menschlichen Gewissens. Wir bitten für die, die mit allen Mitteln das menschliche Gewissen und die menschliche Würde zu vernichten suchen.

Dritte Station: Jesus fällt zum ersten Male unter dem Kreuze

Jesus Christus ist unser Bruder im Guten. Er ist uns ein Vorbild, indem er uns das Aufrichten lehrt und uns nicht erlaubt, das Vertrauen und die Hoffnung zu verlieren. So oft wurden unsere Hoffnung, die Hoffnung unseres Berufslebens und die Hoffnung auf bessere Aussichten für unsere Heimat mißbraucht. Wir brauchen Dich, Jesus Christus, weil Du uns hilfst, unsere Hoffnung, die Hoffnung auf den Sieg des Guten, des Edlen, des Erhabenen und dessen, was uns mit Dir verbindet, zu stärken. Wir bitten Dich, Jesus, um die Stärkung der Hoffnung für uns und für unsere Brüder.

Vierte Station: Jesus begegnet seiner betrübten Mutter

Der Wille des himmlischen Vaters war es, seinen Sohn auf der Erde nicht alleine zu lassen und ihm eine Mutter zu geben. Das war der Wille Gottes. Damit die Menschheit nicht einsam bleibt, gab uns Jesus Christus vom Kreuz aus seine Mutter. Maria trat in die Geschichte unseres Volkes von Anfang an ein, vom Augenblick der Taufe Polens und der Gestaltung der Nation. Wir sind heute Gott dankbar, daß in den schweren Augenblicken unserer Geschichte Maria bei uns war und mit uns siegte. Wir sind nicht imstande, all die Siege, die mit ihrer Hilfe errungen wurden, aufzuzählen. Bitten wir Maria, die mit ihrem Sohn gemeinsam leidet, für unsere polnischen Mütter, damit sie die Kinder in einer tiefen Liebe zu Gott und zur Heimat erziehen.

Fünfte Station: Simon von Cyrene hilft Jesus das Kreuz tragen

Jesus konnte sein Kreuz bis zum Schluß selber tragen, aber er wollte, daß ihm die Menschen beim Werk der Erlösung helfen. Wie einer der Heiligen sagte, will Gott den Menschen nicht alleine erlösen. Er will, daß der Mensch ihm dabei hilft. Die Hilfe, welche der Mensch Gott an dieser Station leistet, soll für uns die Lehre sein, daß wir in unserem Leben die Pflicht haben, unseren Brüdern zu helfen. An dieser Station ist es empfehlenswert, unser Gewissen und uns selbst zu fragen, ob wir in den Tagen der schmerzlichen Erfahrung, besonders der schändlichen Erfahrung des Kriegszustandes, an unsere leidenden Brüder gedacht haben. Haben wir heute den Mut, nach unseren ungerecht gefangenen Brüdern zu fragen? Denken wir daran: wenn wir unserem Bruder helfen, helfen wir Christus selbst. Wir bitten in unserem Gebet, daß wir gegenüber den Bedürfnissen unserer Brüder nicht gleichgültig werden.

Sechste Station: Veronika reicht Jesus des Schweißtuch dar

Jesus Christus zeigt der Menschheit sein von der Welt bespienes Gesicht. Er steht da gedemütigt, bespuckt und mißhandelt, aber inmitten der Menschen befindet sich jemand, der den Mut aufbringt, mitten durch die Soldaten an Jesus heranzutreten, um ihm sein Gesicht mit einem Tuch abzuwischen. Dieser Mensch bringt den Mut auf, den mißhandelten Menschen zu bemitleiden. Wie sehr benötigen wir heute den Mut, welchen die heilige Veronika gezeigt hat. Wie sehr benötigen wir heute den Mut, um uns der Lüge und der Schmähung der Menschen, die für uns ein Symbol geworden sind, zu widersetzen. Wie sehr benötigen wir heute den Mut, uns für den leidenden Bruder einzusetzen.

Der verstorbene Primas sagte: «Am meisten benötigt die Welt heute Mut.» Er sagte, daß die Angst den Menschen fesselt und die Einschüchterung zu der Strategie des gottlosen Systems gehört. An dieser Stelle bitten wir Christus um den Mut und die Befreiung von der Angst und der Einschüchterung.

Siebte Station: Jesus fällt zum zweiten Male unter dem Kreuze

Es ist nicht wichtig, zum wievielten Mal Jesus fällt. Die Tradition sagt zum zweiten Mal. Das ist jedoch nicht wichtig. Wichtig ist, daß Christus nach dem Hinfallen aufsteht, daß er weitergeht, weil er weiß, daß sich sein Sieg erst auf dem Berg vollzieht.

Im Abbild des hinfallenden und sich aufrichtenden Christus sollen wir ein Beispiel des Ausharrens und der Treue sehen, trotz der Not und des Leidens, weil es ein Anfang jeglichen Fortschritts ist. Bitten wir den sich aufrichtenden Christus um Treue zu den Idealen, welche wir in unseren Herzen tragen, für die unsere Brüder den Preis des eigenen Lebens, des Leidens und der Mißhandlung bezahlt haben.

Achte Station: Jesus und die weinenden Frauen Jerusalems

Jesus Christus tat nur Gutes während seines Daseins auf der Erde. Seine Güte erfuhren große Menschenmengen überall dort, wo Jesus erschienen ist. An diese Güte erinnerten sich die menschlichen Herzen, erinnerten sich auch die einfachen Frauen, die ihm auf dem Kreuzweg begegneten, den Leidenden bemitleideten und trösteten. Diejenigen, die ihn verurteilten, haben seine Güte vergessen. Wie unangenehm empfinden wir in letzter Zeit die Undankbarkeit für alles Gute, was der patriotische Arbeiteraufstand der Heimat gebracht hat. Diejenigen, die über diesen Aufstand ein Todesurteil gesprochen haben, vergessen das Gute, aber die Massen denken immer noch daran.

Neunte Station: Jesus fällt zum dritten Male unter dem Kreuze

Den Menschen sind viele Arten des Zusammenbruchs bekannt. Die Geschichte kennt sie auch. Unsere Heimat hat verschiedene Untergänge erlebt, und es schien, als ob sie sich nicht mehr aufrichten würde, als ob das ein Ende wäre. Aber der sich aufrichtende Christus zeigt uns, daß bei Gott nichts unmöglich ist. Christus richtete sich aus dem tiefsten Abstieg auf. Unsere Heimat hat mehrmals bewiesen, daß sie imstande ist, sich aus jeder Erniedrigung und jeder Gefangenschaft zu befreien.

Das Gute und Edle, das im Gebet, in der Aufopferung, in der Mühe und mit viel Mut Erbaute, obwohl heute Verspottete und mit dem Schmutz Bedeckte wird auferstehen. Deswegen dürfen wir die Hoffnung auf den Sieg des Guten nicht verlieren, auch wenn das Gute heute nur zeitweilig sichtbar ist. Das Gute braucht keinen Applaus. Es ist wie ein Weizenkorn, erst faßt es Wurzeln, um danach hoch zu wachsen. Das Böse kann nicht gewinnen, auch wenn es zeitweilig triumphiert.

Zehnte Station: Jesus wird seiner Keider beraubt

So wie jeder von uns, kam Jesus nackt auf die Welt und hat sie auch so verlassen. Das, was wir auf den letzten Weg mitnehmen, ist im Vergleich dazu, was wir im Leben besaßen, nichtig. Das Leben soll reich an seelischen Werten sein. Wir müssen unser Leben so gestalten, um anschließend vor Gott nicht mit leeren Händen und vergeudetem Leben zu stehen. Es fällt uns schwer, bescheiden und armselig zu bleiben, wenn um uns herum die Propaganda des materialistischen Systems uns zu überzeugen versucht, daß das menschliche Leben mit dem Tod endet. Es fällt dem Menschen schwer, die Würde zu bewahren, wenn er mißhandelt und zum Werkzeug der Arbeit gemacht wird, wenn ihm nicht alles untergeordnet wird, aber er sich stets unterordnen muß. Wir sollten in Jesus stark sein, um uns nicht von denen hinreißen zu lassen, die unsere Heimat auf dem, was weltlich und verübergehend ist, aufbauen wollen, die die unsere Kinder zum Atheismus treiben. Wir bitten Dich, Jesus Christus, gib uns die Kraft in unserer Umgebung, damit wir die Mitmenschen davon überzeugen können, daß ein Mensch Mensch bleibt, wenn er nicht vergißt, daß er ein Sohn Gottes ist, und daß er nicht mit leeren Händen vor Gott erscheinen darf. Wir können keine materiellen Werte auf unseren letzten Weg mitnehmen.

Elfte Station: Jesus wird an das Kreuz genagelt

Die Hände, die den Segen und die Genesung brachten, sind ans Holz genagelt. Seine Füße, die das Land durchwanderten, um eine gute Botschaft zu verkünden, können keinen Schritt mehr tun. Jesus ans Kreuz geschlagen, mit dem wir alle unseren persönlichen und familiären Kreuze verbinden. Wir verbinden mit Deinem Kreuz das Kreuz der Arbeiterwelt und des Vaterlandes, in welchem die wahre Freiheit und Gerechtigkeit fehlen und die Ideale von Solidarnosc vernichtet und niedergetreten werden. Wir verbinden mit Deinem Kreuz die Kreuze unserer Brüder, die bis heute ohne Urteil in den Gefängnissen leiden. In diesem Augenblick denken wir an das Kreuz des Hüttenarbeiters Seweryn Jaworski und der Gebrüder Lypnik aus Warschau. Wir verbinden mit Deinem Kreuz das Kreuz der polnischen Jugend, das Kreuz von Grzegorz Przemyk, dessen Tod das Maß an Haß gegen die polnische Jugend überschritt. Wir verbinden mit Deinem Kreuz das alles, was wir während der Zeit der bitteren Erfahrung erlebt haben, auch dieses Kreuz, das wir heute zu tragen haben, obwohl wir schon die Hoffnung auf einen gemeinsamen Aufbau des Vaterlandes hegten.

Wir hatten das Recht zu hoffen, daß nach der Abschaffung des Kriegzustands eine gesellschaftliche Verständigung möglich wäre und über das Wohl des Vaterlandes an einem gemeinsamen Tisch verhandelt wurde.

Diese Kreuze, die wir nicht imstande sind aufzuzählen, vereinige, Jesus, mit Deinem Kreuz, damit wir mit Dir zusammen die fünfzehnte Station, die Station der Auferstehung, erreichen können.

Zwölfte Station: Jesus stirbt am Kreuze

Vor dieser Station harren wir in Schweigen, um unsere Haltung darüber zum Ausdruck zu bringen, was auf dem Kalvarienberg, während der Mensch Gott ablehnte, geschah.

Dreizehnte Station: Jesu Leichnam wird vom Kreuze genommen und in den Schoß seiner Mutter gelegt

Nur die Tapfersten und Treuesten blieben bei Christus bis zum Schluß des Kreuzweges. Sie sind geblieben, weil sie an seine Auferstehung glaubten. Es sind nur wenige geblieben, aber ihr Glaube an die Worte Christi hat bewirkt, daß sie über Generationen bis heute lebendig sind. Inmitten der Treuesten war auch seine Mutter. Wir sind ihr dankbar dafür, daß sie unter dem Kreuz unserer Nation stand und dafür, daß sie uns Königin und gleichzeitig Mutter ist. Sie ist mit ihrem leidendem Volk zusammen. Heute brauchen wir sie mehr als Mutter denn als Königin. Eine Mutter, die uns hilft, unsere Probleme zu verstehen, und es nicht erlaubt, die Hoffnung zu verlieren. Wir brauchen sie als Mutter, die uns zum Sieg führen wird, zum Sieg, der durch sie kommen muß. Wir danken Dir, Mutter, für Deine Obhut über unsere Nation.

Vierzehnte Station: Jesus wird ins Grab gelegt

Das Grab bedeutet für den Menschen nicht das Ende des Lebens. Das Christentum ist voll Optimismus und lebendigem Glauben und läßt uns immer in die Zukunft schauen, sogar über den Tod hinaus. In Deine Hände, Mutter von Jasna Gora, legen wir alle unsere Gebete, alle unsere unfähigen Worte, unsere Gefühle, Ängste, die Unruhe, das Vertrauen, die Hoffnung und unsere Entscheidungen. Wir vertrauen Dir unsere Brüder an, die ihr Leben geopfert haben, die des Lebens beraubt wurden dafür, daß sie um die Gerechtigkeit und Würde des arbeitenden Menschen gekämpft haben. Wir vertrauen Dir besonders unsere Brüder der Grube Wujek an und alle Arbeiter, die mit ihrer heldenhaften Haltung ihren Glauben bewiesen haben. Sie wissen, daß der Tod kein Ende darstellt und die Gewalt nicht siegen kann, obwohl sie zeitweilig triumphiert.

Wir schließen uns den Millionen Pilgern an, die seit Jahrhunderten Dein Heiligtum besuchen, um Dir und Deinem Sohn zu begegnen.
Wir danken Dir, Mutter, daß wir Dir heute begegnen konnten. Stärke uns, Mutter, in unseren Bemühungen, ein Reich der Wahrheit, Gerechtigkeit und Solidarität der menschlichen Herzen in unseren Familien, unseren Betrieben und überall dort, wo wir unseren Dienst leisten, zu gründen.
Ich möchte mich bei euch allen für das gemeinsame Gebet bedanken und für meine unfähigen Worte um Enschuldigung bitten. Ich habe das

gesagt, was mir auf dem Herzen lag. Wichtig sind eure Mühe und euer Gebet.

Zum Schluß singen wir. Bevor wir jedoch singen, will ein Arbeiter, der mit mit aus Warschau kam, sich bei der Mutter Gottes für ihre Gnaden bedanken. Er will sich für das seelische Erbe, das wir an dieser Stelle jedesmal vergrößern, bedanken.

Der Arbeiter: «Wir Arbeiter, hier während der ersten Arbeiterpilgerfahrt versammelt, danken Dir, Mutter von Jasna Gora, für Deine mütterliche Obhut. Am 11. Dezember 1980 begrüßten wir Dich in Warschau mit einem innigen Gebet. Voller Furcht vor den nächsten Tagen flehten wir Dich an: 'Verlasse uns nicht!' Und so geschah es auch. Du warst mit uns während der dunklen Dezembernächte. Du bist mit uns ins Gefängnis gegangen. Wir Arbeiter der Hütten, der Gruben und der Werften danken Dir heute ganz besonders. Wir haben Dir vertraut, und Du hast uns nie verlassen. Königin von Jasna Gora, wir bauten Kreuze in unseren Fabriken, wir öffneten die Türen für Deinen Sohn, den Erlöser. Dein Sohn Jesus Christus ist mit uns. Verlasse uns nicht, denn in Dir ist unser Sieg und unsere Hoffnung. Wir bedanken uns bei den Paulinerbrüdern, Deinen treuesten Wächtern, daß sie uns zu dieser Pilgerfahrt eingeladen haben. Wir haben den Wunsch, unsere Pilgerfahrt jedes Jahr zu wiederholen. Das ist unser innigster Wunsch. Segne, Herrin, unsere tägliche Arbeit, damit ihre Früchte Gott und dem Vaterland dienen können.»

Der Rosenkranz

Die letzten Worte an das Volk, gesprochen kurz vor dem Tod

19. Oktober 1984 - Bromberg

Maria, Mutter der polnischen Erde, unsere Hoffnung, leidende Königin von Polen, wir stehen heute mit dem Rosenkranz in der Hand vor Dir und beten. Wir Arbeiter möchten Deinem Sohn in der Stunde seines Todes beistehen. Wir möchten in sein Gesicht schauen und unser Kreuz auf uns nehmen, das Kreuz unserer täglichen Arbeit, unserer Mühe, unserer Probleme, um mit ihm zum Kalvarienberg zu gehen.

Maria, wir bitten Dich, unterstütze uns, die wir verletzt und unter Schmerzen leiden. Unterstütze uns, die wir der Unruhe, der Verzweiflung und der Demütigung ausgeliefert sind. Nimm uns in Deine mütterliche Obhut, uns, die wir die Erneuerung dieses Landes im Geiste des Evangeliums anstreben. Reiche uns Deine Hand, die wir mit Mühe um Wahrheit, Gerechtigkeit, Liebe, Frieden und Freiheit für unser Vaterland kämpfen.

Das erste schmerzhafte Geheimnis: Jesus, der für uns Blut geschwitzt hat

Der Heilige Vater Johannes Paul II. betete am 23. Juni 1982 zur Mutter von Jasna Gora: «Ich danke Dir, Mutter, für alle, die ihrem Gewissen treu geblieben sind, die, selbst mit der Schwäche kämpfend, trotzdem die anderen stärken. Ich danke Dir, Mutter, für alle, die sich dem Bösen wiedersetzten und es mit dem Gutem bekämpfen.»

Nur derjenige kann das Böse besiegen, der selbst reich an Güte ist, der für die Entwicklung dieser Werte sorgt, die über seine Würde als Kind Gottes entscheiden. Das Gute erneuern und das Böse besiegen bedeutet, sich um die menschliche Würde zu kümmern. Man muß das Leben in Würde leben, weil es nur ein Leben gibt. Man sollte heute viel über die menschliche Würde reden, um zu verstehen, daß der Mensch alles, was auf der Welt ist, außer Gott, überragt. Er überragt die ganze Weisheit der Welt. Die Würde zu bewahren bedeutet, das Gute verbreiten und das Böse bekämpfen, frei zu bleiben in jeder Lebenssituation. Als Kinder Gottes dürfen wir keine Sklaven sein. Wir tragen das Erbe der Freiheit, welches uns als Ausmaß unserer Größe gegeben wurde.

Das zweite schmerzhafte Geheimnis: Jesus, der für uns gegeißelt worden ist

Die Würde zu bewahren, um das Gute zu mehren und über das Böse zu siegen, heißt, sich nach der Gerechtigkeit zu richten. Sie resultiert aus der Wahrheit und Liebe. Je mehr Wahrheit und Liebe im Menschen ist, desto gerechter ist er. Die Gerechtigkeit muß im Einklang mit der Liebe stehen, weil es eine wahrhaftige Gerechtigkeit ohne Liebe nicht gibt. Wo die Liebe und das Gute fehlen, dort schließt sich die Lücke mit Haß und Gewalt. Wer sich nach Haß und Gewalt richtet, der kann nicht über Gerechtigkeit reden. Ungerechtigkeit ist in den Ländern sichtbar, in denen sich die Regierung nicht der Liebe und der Gerechtigkeit, sondern der Gewalt und der Unterdrückung bedient. Für den Christen ist es sehr wichtig, sich bewußt zu werden, daß die Quelle der Gerechtigkeit Gott selbst ist. Es ist schwer, über Gerechtigkeit dort zu reden, wo es keinen Platz für ihn und seine Gebote gibt, wo das Wort Gott von Amts wegen aus dem Leben des Volkes eliminiert wurde. An dieser Stelle sollten wir uns über das Unrecht bewußt werden, das unserem Volk in seiner entscheidenden christlichen Mehrheit angetan wird, indem man es ebenfalls von Amts wegen atheisiert und, was noch schlimmer ist, das geschieht auch mit dem Geld, welches auch der Christ erarbeitet hat.

Wir sollten uns der Vernichtung der christlichen Werte in den Seelen der Kinder und der Jugend, welche die Eltern ihnen schon von der Geburt an eingeprägt haben, bewußt werden. Diese Werte haben sich in der tausendjährigen Geschichte unseres Landes mehrmals bewährt. Gerechtigkeit auszuüben und zu fordern ist, wie ein klassischer Gelehrter sagte, ohne Ausnahme die Pflicht eines jeden: «Schlimm sind die Zeiten, wenn die Gerechtigkeit verstummt.» Beten wir, damit wir uns in unserem täglichen Leben immer nach der Gerechtigkeit richten können.

Das dritte schmerzhafte Geheimnis: Jesus, der für uns mit Dornen gekrönt worden ist

Das Böse mit dem Guten zu besiegen bedeutet, der Wahrheit treu zu bleiben. Sie ist eine sehr empfindliche Eigenschaft unseres Verstandes. Das Streben nach Wahrheit hat dem Menschen Gott selbst eingeprägt. Deswegen steckt im Menschen ein natürliches Streben nach der Wahrheit und eine Abneigung gegen die Lüge. Die Wahrheit, ähnlich wie die Gerechtigkeit, ist eng mit der Liebe verbunden. Die Liebe kommt uns teuer zu stehen. Die wahre Liebe ist opferbereit, deswegen muß uns die Wahrheit auch etwas kosten. Die Wahrheit vereinigt und verbindet die Menschen. Die Macht der Wahrheit erschreckt und demaskiert die Lügen der kleinen und verstörten Menschen. Seit Jahrhunderten dauert ununterbrochen der Kampf gegen die Wahrheit. Sie ist jedoch unsterblich, und die Lüge stirbt einen schnellen Tod. Der verstorbene Primas, Kardinal Wyszynski, sagte: «Es werden nicht viele Leute benötigt, um über die Wahrheit zu reden. Christus hatte nur einige für die Verkündung der Wahrheit auserwählt. Nur die Lüge braucht viele Worte, weil sie detailliert und kleinkariert ist. Sie wechselt wie die Ware im Regal, muß immer aktuell sein und viele Diener haben, welche programmgemäß die Lüge erlernen müssen, für heute, morgen und den ganzen Monat. Nachher gebt es eine dringende Schulung, um eine neue Lüge zu erlernen. Um die Technik der vorprogrammierten Lüge zu beherrschen, werden viele Leute benötigt. So viele Leute werden jedoch für die Verkündung der Wahrheit nicht benötigt. Die Menschen kommen von weit her und finden sie. Wir müssen lernen, die Lüge von der Wahrheit zu unterscheiden. Dies ist nicht leicht in der Zeit, in der wir leben, in der Zeit, über die der zeitgenössische Dichter sagte: 'Noch nie wurde auf so eine grausame Art und Weise unser Rücken mit der Peitsche der Lüge und der Verlogenheit geschlagen'.»

Es ist heute nicht einfach, wenn die Zensur in der katholischen Presse die Worte der Wahrheit und der mutigen Gedanken, sogar die Worte des Primas und des Heiligen Vaters streicht. Es ist heute nicht einfach, wenn dem Christen nicht nur die Bekämpfung der Meinung des Gegners und die Auseinandersetzung verboten wird, er darf aber auch nicht die eigene Meinung oder die allgemein-menschliche Auffassung verteidigen. Angesichts der unrechten und verleumderischen Angriffe ist ihm die Bloßstellung der Falschheit untersagt, wogegen die anderen ihre volle Freiheit besitzen und straflos verkünden und verbreiten dürfen. Es ist heute nicht einfach, wenn in den letzten Jahrzenten das Korn der Lüge und des Atheismus in den heimatlichen Boden gesät wurde. Die Pflicht eines jeden Christen ist es, für die Wahrheit geradezustehen, auch wenn sie noch viel kosten sollte. Nur die Spreu ist kostenlos, für das Weizenkorn der Wahrheit muß jedoch bezahlt werden. Beten wir, damit unser tägliches Leben von der Wahrheit erfüllt bleibt.

Das vierte schmerzhafte Geheimnis: Jesus, der für uns das schwere Kreuz getragen hat

Um das Böse mit dem Guten zu besiegen, muß erst für die Tugend der Tapferkeit gesorgt werden. Die Tugend der Tapferkeit stellt die Überwindung der menschlichen Schwächen dar, besonders der Angst. Ängstigen sollte man sich nur vor dem Verrat an Christus für ein paar Silberlinge der scheinbaren Ruhe. Alleine eine Verurteilung des Bösen, der Lüge, der Feigheit, des Hasses und der Gewalt darf dem Christen nicht ausreichen. Der Christ soll ein wahrer Zeuge, Vertreter und Verteidiger von Gerechtigkeit, Güte, Wahrheit, Freiheit und Liebe sein. Für diese Werte soll er sich mutig, für sich selber und die anderen, einsetzen.

«Nur ein mutiger Mensch kann wahrhaft gescheit und gerecht sein.» (Joh. Paul II.)

«Wehe der Gesellschaft, deren Bürger keinen Mut haben. Sie hören dann auf, Bürger zu sein, sie werden zu einfachen Sklaven. Wenn der Bürger auf die Tugend der Tapferkeit verzichtet, wird er zum Sklaven. Damit fügt er sich selber, seiner Persönlichkeit, seiner Familie, seinen Arbeitskollegen, seinem Volk, seinem Staat und seiner Kirche das größte Leid zu. Der unmündige Bürger kann leicht um den Preis der Angst, des Brotes und der nebensächlichen Gunst geworben werden. Wehe den Regierenden, die den Bürger um den Preis der Verängstigung und der Sklavenfurcht gewinnen wollen. Wenn eine Regierung verängstigte Bürger regiert, verliert sie ihre Autorität und beraubt das Leben seiner national-kulturellen und beruflichen Werte. Die Sorge um die Tapferkeit sollen genauso wie die Regierung auch die Bürger tragen.» (Kardinal Wyszynski)

Wir bitten den kreuztragenden Christus, daß wir die Tapferkeit in unserem täglichen Leben, im Kampf um die wahren christlichen Werte beweisen können.

Das fünfte schmerzhafte Geheimnis: Jesus, der für uns gekreuzigt worden ist

Um das Böse durch das Gute zu besiegen und die menschliche Würde zu bewahren, darf nicht mit Hilfe der Gewalt gekämpft werden. Der Heilige Vater sagte während des Kriegszustandes in seinem Gebet an die Herrin von Jasna Gora: «Ein Volk kann sich nicht richtig entwickeln, wenn es der Rechte beraubt ist, die ihm die Entfaltung seiner Persönlichkeit gewähren, und wenn der Staat mit Hilfe der Gewalt seine Stärke beweist.»

Wer nicht mit dem Herzen und mit dem Verstand gewinnen kann, versucht es mit Gewalt. Jede Offenbarung der Gewalt beweist eine moralische Unterlegenheit. Die hervorragendsten und dauerhaftesten Kämpfe, welche die Menschheit und die Geschichte kennen, sind die Kämpfe des menschlichen Verstandes. Die niedrigsten und kürzesten Kämpfe sind die der Gewalt. Eine Idee, die Waffen und Gewalt benötigt, ist deformiert und stirbt von alleine, die aber lebensfähig ist, erobert durch sich selbst.

Solidarnosc hat deswegen so schnell die Welt erobert, weil sie nicht mit Hilfe der Gewalt kämpfte, sondern auf den Knien vor den Feldaltaren mit einem Rosenkranz in der Hand. Sie forderte die Würde der menschlichen Arbeit, die Würde und die Achtung des Menschen. Nach diesen Werten verlangte sie mehr als nach dem täglichen Brot.

Der verstorbene Primas sagte: «Die Arbeiterwelt erlebte in den letzten Jahrzehnten mehrere Enttäuschungen und Einschränkungen. Das arbeitende Volk, die ganze Gesellschaft erlebte in Polen eine Schinderei der menschlichen Grundrechte, die Einschränkung der Gerechtigkeit, der Weltanschauung, der Glaubensfreiheit, der Erziehung der jungen Generation. Dies alles war ungeheuerlich unterdrückt. Man schaffte eine besondere Art von Menschen, die zum Schweigen und einer effektiven Arbeit gezwungen wurde. Als dieser Druck und Zwang die Menschen total ermüdete, kam die Zeit des Kampfes um die Freiheit. Es entstand Solidarnosc, die bewiesen hat, daß trotz gesellschaftlich-wirtschaftlicher Neugestaltung auf Gott nicht verzichtet zu werden braucht.»

Beten wir, daß wir von Angst und Einschüchterung, vor allen Dingen aber von Gewalt und Rachsucht frei bleiben.

Nachwort

Das Testament des Priesters Jerzy Popieluszko

Du bist von uns gegangen, Priester Jerzy, plötzlich und unerwartet. Du hast es nicht geschafft, dich von uns zu verabschieden, deinen letzten Willen und dein geistiges Testament zu hinterlassen. Wir kennen jedoch dein Herz, erinnern uns an dein Bekenntnis, welches du mit deinem Märtyrertod besiegelt hast. Deswegen können wir uns vorstellen, was du uns in diesem Moment sagen würdest, wenn du noch reden könntest. Wir möchten dein geistiges Testament wiedergeben und uns an die Polen hier im Vaterland und auf der ganzen Welt in deinem Namen, deinem Wunsch entsprechend wenden.

I.
Im Namen der Wahrheit klage ich an!

Du hast uns immer die Wahrheit gesagt. Mutig und ohne Angst hast du alles beim Namen genannt, die Lüge durch die Wahrheit demaskiert, die Ungerechtigkeit anhand des Gewissens und des göttlichen Rechts beurteilt. Deswegen hörte sich das mehr nach Wahrheit als nach dem täglichen Brot hungernde Volk deine Worte an. Deswegen würdest du auch heute denjenigen die Wahrheit sagen, die mit ihrem heuchlerischen Zynismus ihre mit dem unschuldigen Blut verschmutzten Händen reinwaschen möchten und die Schuld den Provokateuren, die sie angeblich im innerparteilichen Machtkampf ausschalten wollten, zuschieben. Dies hättest du ihnen mit Sicherheit gesagt:

1. Ihr seid schuld, denn ihr habt dieses System aufgebaut und unterstützt, in dem der brutale und rücksichtslose Kampf um die Macht das einzige und höchste Gebot ist. Im Namen dieses unmoralischen Gebotes entschuldigt ihr jedes Verbrechen und verlangt, daß das Volk für eure schmutzigen und niederträchtigen Auseinandersetzungen zahlt.

2. Ihr seid schuld, denn, um euer Macht zu retten, habt ihr von unserem gemeinsam erarbeiteten Geld Söldner verpflichtet, die nichts anderes als Kriminelle, Banditen und Entartete jeglichen Kalibers sind, und sie dann Sicherheitsdienst genannt.

3. Ihr seid schuld, weil ihr die Straflosigkeit der Morde und anderer Verbrechen des Sicherheitsdienstes, der Miliz und der ZOMO toleriert und sie dadurch zu weiteren Aktivitäten dieser Art ermuntert. Ihr habt den Mördern von Grzegorz Przemyk und Piotr Bartoszcz und vielen anderen ermöglicht, straflos davonzukommen.

4. Ihr seid schuld, denn ihr habt die Kampagne des Hasses und der Verleumdung sowie der verschiedenen Arten der bösartigen Schikanen den aufrichtigen Bürgern gegenüber entfacht, deren einzige Schuld das mutige Wahrheitsbekenntnis und das Verlangen nach der menschlichen Würde und der Achtung des Gesetzes war. Ihr seid schuld, denn in der von euch entfachteten Atmosphäre des Hasses gedeihen Terror und Verbrechen.

5. Ihr seid schuld, denn ihr habt dieses System aufgebaut und unterstützt, in dem die Organe des staatlichen Sicherheitsdienstes mit den Mördern und den Terroristen auf einer Seite stehen.

II.
Im Namen Christi verzeihe ich!

Du hast niemals den Haß gegen andere geschürt. Im Rahmen der Liturgie hast du uns immer gemahnt: «Hegt keinen Haß in euren Herzen.»

Du hast uns immer zum Kampf für den Sieg der Wahrheit und der Gerechtigkeit ohne Gewaltanwendung und mit der Bereitschaft zur Vergebung aufgerufen.

Was hättest du uns heute gesagt, da du selbst ein Opfer des Hasses und Verbrechens geworden bist?

Du hättest ihnen gesagt: «Im Namen Christi verzeihe ich! Jesus Christus, mein Meister, betete im Augenblick des größen Verbrechens in der Geschichte der Menschheit: 'Vater verzeihe ihnen, denn sie wissen nicht, was sie tun'. Ob ich, sein Diener, anders handeln könnte als er? Ich jedoch, als Kaplan Christi, wollte ihn nachahmen und kannte seine Worte: 'Wo ich bin, dort wird auch mein Diener sein.'

Ich wußte, daß er gekreuzigt wurde, und deshalb bemühte ich mich, der Wahrheit zu dienen und war auf alles gefaßt. Ich war auch bereit, diese Worte auszusprechen: 'Vater, verzeihe ihnen.'»

Priester Jerzy - uns sind die Umstände deines Todes nicht bekannt, auch kennen wir deine letzten Worte und Gesten nicht. Wir sind jedoch fest davon überzeugt, daß sie deine Bereitschaft des Verzeihens ausdrückten! Denn du wolltest in dieser Beziehung deinem Vorbild, dem Papst Johannes Paul II., der nach dem Attentat auf dem Petersplatz zu seinem Attentäter sagte: «Bruder, ich verzeihe dir», ähnlich sein. Genauso würdest du dem von deinem Tode betroffenen polnischen Volk heute sagen: «Friede mit euch! Habt keinen Haß im Herzen, verzeihet ihnen! Laßt euch nicht vom Bösen besiegen, sondern bekämpft es mit dem Guten! Laßt euch nicht dazu verleiten, den primitiver Weg der Rache zu wählen. Bewahrt eure Würde, welche auf soeine herrliche Art und Weise im Geiste der Solidarnosc die Welt verwunderte. Denkt daran, daß nur in der Schwäche der Vergebung, im Verzicht auf Rache und die scheinbare Macht der Gewalt eure Stärke und der einzige Weg zum Sieg liegen! Denkt daran, daß die Liebe immer siegt, auch dann, wenn sie scheinbar den Schlägen des Hasses unterliegt! Der am Kreuz sterbende Christus wurde zum Sieger über den Tod, die Hölle und den Satan. Mein Tod und der Tod der vielen anderen Zeugen der Solidarität, der Wahrheit und der Freiheit sollen die Nation auf dem einzigen Weg der Befreiung in Wahrheit und Liebe stärken. Polen, fühlt euch solidarisch in der Verantwortung für alle, die den Namen Pole tragen! Unternehmt eine große Bußaktion der Wiedergutmachung für die Sünden der Polen. Habt den Mut, öffentlich für die zu beten, die öffentlich die Würde Polens verletzen. Betet öffentlich und ausdauernd für die Bekehrung der Sünder, für die Kollaborateure des Regimes, für die Beamten, die Funktionäre des Sicherheitsdienstes, für die Lehrer und die Mitarbeiter des Kulturwesens. Belastet euer Gewissen nicht mit fremden Sünden, durch euer Schweigen und das Unterlassen der Mahnung derjenigen, die im Angesicht der Lüge schwiegen und bei der Realisierung der ungerechten Gesetze, welche gegen das Volk und die menschliche Würde gerichtet sind, mitwirkten. Wo immer ihr nur könnt, mahnt mutig und entschlossen das menschliche Gewissen! Vielleicht sind es viele, die gerne die unwürdigen Dienste ablegen würden, aber es fehlt ihnen an Mut und sie benötigen eine Ermunterung! Heute ist deutlich zu sehen, daß die mit dem Gewissen nicht zu vereinbarende Kollaboration zu einer Beteiligung am Verbrechen wird. Beten wir, damit es unter den Polen immer weniger Brudermörder gibt!»

III.
Im Namen der Heimat beschwöre ich euch: versöhnt euch!

Priester Jerzy, dein Polen liebendes Herz erfreut sich heute der Tatsache, daß sich unsere Nation an deinem Grab von neuem vereinigt. Im Angesicht dieser Tatsache vergessen die Menschen, was sie trennt, und entdecken, daß sie ein gemeinsamer Schmerz verbindet, der sich daraus ergibt, daß sie um die gleichen Werte kämpfen und ähnliche Sehnsüchte und Bestrebungen haben. Erfreut über die erneute Vereinigung der Menschen hättest du gesagt: «Ihr polnischen Brüder, verbleibt in der Einigkeit. Stoßt zurück jegliche Trennungen, die sich aus den verschiedenen egoistischen Ambitionen ergeben. Ihr sollt daran denken, daß Egoismus schon einmal zur Teilung Polens und zum Verlust der Unabhängigkeit geführt hat. Die innere Zersplitterung auf mehrere Parteien, verschiedene Ideologien und Programme haben die vollkommene Auferstehung und Stärkung Polens in den Jahren der Unabhängigkeit zwischen dem Ersten und dem Zweiten Weltkrieg unmöglich gemacht. Und heute unternimmt der Feind, der unsere Schwächen kennt, alles, um uns untereinander zu verfeinden, zu spalten und unsere Kräfte und Energien auf inhaltslose Streitereien zu lenken, damit wir nicht in Einigkeit stark werden und nicht zusammen in den Kampf gegen die größte Gefahr ziehen. Deswegen beschwöre ich euch im Namen der Liebe zur Heimat: reicht euch die Hände, versöhnt euch! Seht keine Feinde unter denen, die für das Gleiche kämpfen. Laßt euch nicht durch die Intrigen der Provokateure verführen. Ihr müßt lernen, die privaten Bestrebungen und Ambitionen dem Wohl des Vaterlandes unterzuordnen! Ihr müßt lernen, die Einigkeit eurer Weltanschauung und Initiative, die aus der Liebe zum Vaterland geboren sind, zu bewahren! Ihr müßt lernen, die Schwächen und die Fehler der anderen zu tolerieren, um die eigenen nicht zu vergessen! Ihr müßt lernen, im Namen des übergeordneten Gemeinwohls zu verzeihen und zu vergessen, weil es zur Befreiung führen kann! Ihr müßt begreifen, daß nur das interessenfreie Dienen und die Bereitschaft, Opfer für höhere Werte zu bringen, eine Grundlage sind, um ein souveränes Polen zu bauen! Mein Blut und das Blut der anderen Märtyrer, die sich Wahrheit und Gerechtigkeit wünschten und für diese Ziele, ohne das Gefühl der Rache zu pflegen, gelitten haben, soll dazu beitragen, daß sich die Polen vereinigen, wie es schon einmal geschah, als das Martyrium des Heiligen Stanislaus zur Beseitigung der Zersplitterung Polens führte.

Denkt daran! Die Freiheit ist ein Ergebnis der Einigkeit, so wie das Fehlen der Einigkeit zum Verlust der Freiheit führt.»

IV.
Bleibt nicht stehen auf dem Weg zum Sieg!

Das Bekenntnis deines Lebens und deines Todes, Priester Jerzy, soll unser Wegweiser bleiben! Wir danken dir, daß du uns die Richtigkeit des Weges, der mit dem Aufstand von Solidarnosc begann, verständlich gemacht hast.

Wir danken dir besonders dafür, daß du in der Probe während des Kriegszustands unsere Hoffnung gestärkt hast und Zweifel an der Richtigkeit des erwählten Weges nicht zugelassen hast. Wir danken dir, daß du mit deinem einfachen und starken Bekenntnis, das du mit deinem Tod besiegelt hast, zum Symbol der Sehnsüchte und der Bestrebungen unseres Volkes geworden bist. Wir danken dir dafür, daß du uns Eingkeit in diesem Kampf finden läßt, indem du uns an die wichtigsten Elemente dieses Kampfes, die den Sieg garantieren, erinnerst. Wir danken dir für alles, was wir als dein Testament an die Polen dieser Generation und zukünftiger Generationen erhalten haben. In dieser Stunde des nationalen Gebets und des Nachdenkens an deinem Grab hören wir dir zu, wie du zu uns nicht nur mit den Worten deiner Predigten, sondern auch mit der Stimme des geopferten Lebens dein geistiges Testament sprichst, welches verkündet: «Polen, hört nicht auf, die Befreiung der Nation zu erkämpfen, kämpft bis zum Sieg! Eure Waffe soll die Wahrheit sein. Im Namen Christi wird sie euch befreien. Die Wahrheit wird euch befreien, wenn ihr die Angst in euern Herzen besiegt, die euch zu Sklaven macht. Die Angst sollt ihr durch das Kreuz Jesu besiegen. Die Wahrheit und die anderen Werte, die die menschliche Würde und die Würde der Nation bestimmen, sind Leiden und Aufopferung wert. Sie sind sogar die Hingabe des eigenen Lebens wert. Habt keine Angst - so werdet ihr zu freien Menschen und zur freien Nation. Aber denkt daran, das Wesen der Freiheit liegt in der Liebe.

Laßt euch nicht durch die Mächte des Hasses bezwingen! Zahlt für das Böse nicht mit dem Bösen, sondern bekämpft es mit dem Guten! Verzeiht, und ihr werdet frei. Vergebung ist der größte Sieg der Liebe. Die Wahrheit und das Kreuz als Symbole der Aufopferung und der verzeihenden Liebe stellen unseren Weg in die Freiheit dar. Ich, euer Bruder, Priester Jerzy Popieluszko, bin vollkommen frei und werde euren Weg in die Freiheit mit meinem Gebet bei Gott unterstützen.»

Franciszek Blachnicki

Sein Leben

Priester Jerzy Popieluszko, geboren am 23. September 1947 in Okopy in der Gegend von Białystok. 1965 begann er sein Studium am Priesterseminar in Warschau. 1966 unterbrach er sein Studium, um den Militärdienst in einer Sondereinheit in Bartoszyce bis 1968 abzuleisten. Die Priesterweihe empfing er vom Kardinal Wyszynski am 27. Mai 1972. Seinen geistlichen Dienst begann er in der Umgebung von Warschau (Zabki, Anin) und danach in Warschau in der Kirche des heiligen Stanislaus Kostka (seit Juni 1980). Seit 1978 war er Seelsorger der Mitarbeiter des Gesundheitswesens und leitete den medizinischen Betreungsdienst während des Papstbesuches und des Begräbnises von Kardinal Stefan Wyszynski. Seit dem Streik 1980 eng verbunden mit den Arbeitern von der Hütte Warschau, las er die heilige Messe während des ersten Streiks im August 1980. Diente als Seelsorger während der Streiks in der Hochschule für Medizin und in WOSP. Er las die heilige Messe für die Teilnehmer der zweiten Tagung der Delegierten von Solidarnosc aus der Region Mazowsze. Er blieb mit den Arbeitern an den Tagen der bitteren Erfahrungen und Proben zusammen und diente ihnen mit geistlicher und karitativer Hilfe. Im Februar 1982 hielt er in der Kirche des heiligen Stanislaus Kostka seine erste 'Messe für das Vaterland'. Er betete um den Frieden in der Heimat, für die Gefangenen, Internierten und ihre Familien. Ab April 1982 las er die heiligen Messen für das Vaterland regelmäßig an jedem letzten Sonntag des Monats. Entführt und ermordet durch die Funktionäre des Sicherheitsdienstes am 19. Oktober 1984 in Przysiek bei Thorn.

ks. Jerzy Popiełuszko

Jerzy Popieluszko (l.) mit Arbeiterführer Lech Walesa (r.)

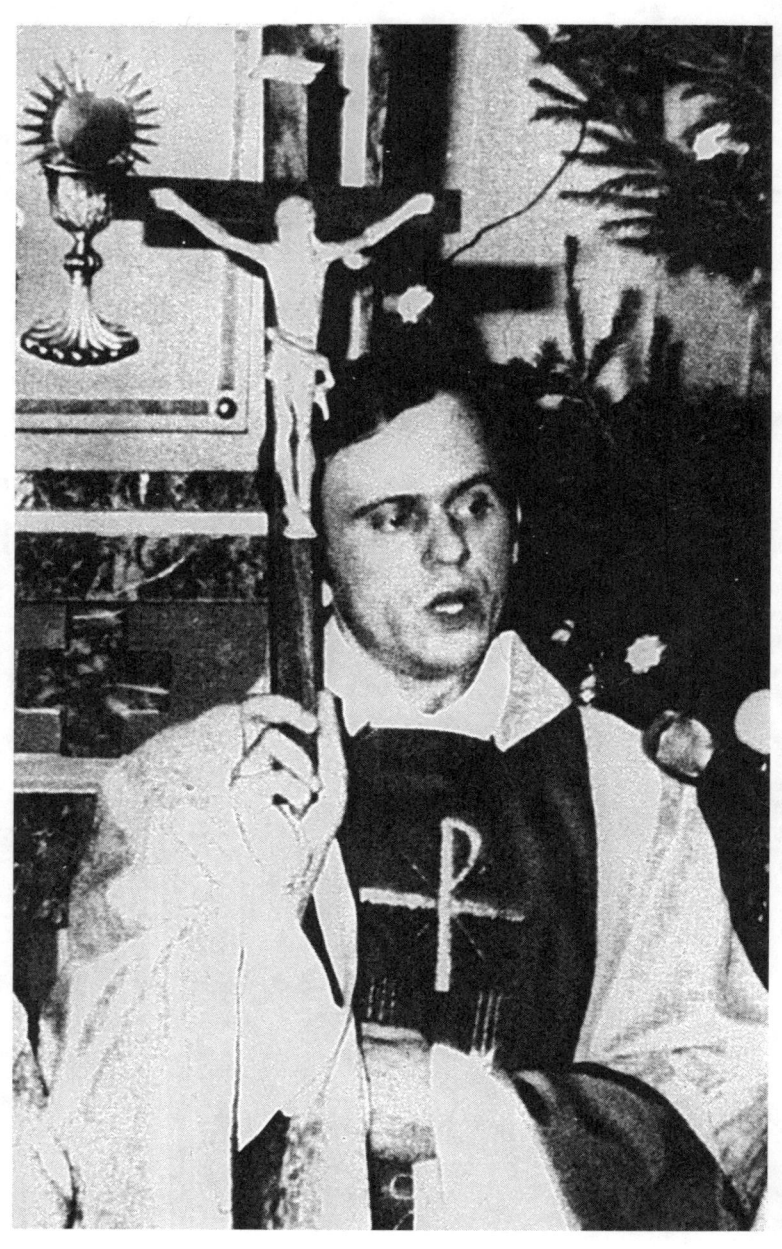

»Die Wahrheit predigen heißt, sich zum Kreuz bekennen.«

Jerzy Pcpieluszko unter dem Bild des polnischen Patrioten Traugutt, auf den er sich in seiner Predigt beruft.

Der junge Priester Popieluszko verstand sich stets in der Einheit mit den Bischöfen.

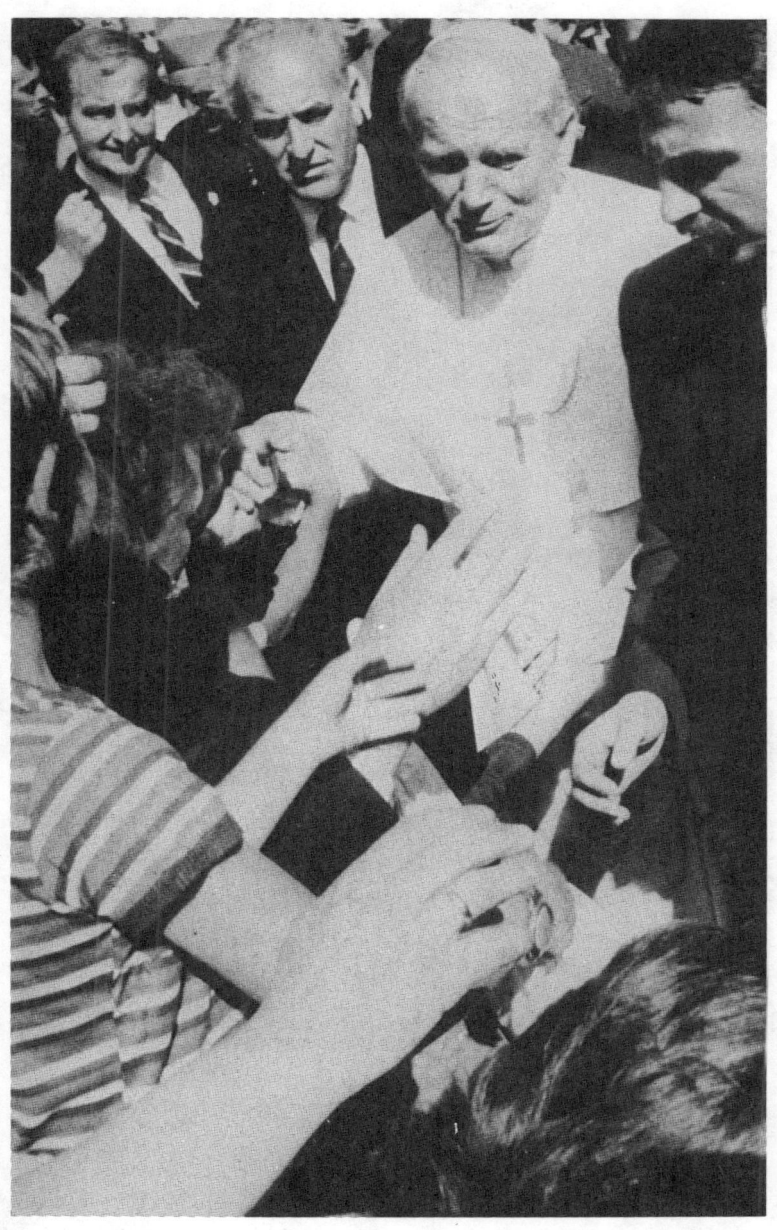

Der polnische Papst Johannes Paul II. 1983 in seiner Heimat.

Papst Johannes Paul II. am 17. Juni 1983 im Gespräch mit dem »starken Mann« Polens, General Wojciech Jaruzelski (M.), und dem Staatspräsidenten Henryk Jablonski (r.).

Für die kommunistischen Machthaber Polens war es ein Schock, als an allen Besuchs-
orten des Papstes in seinem Heimatland Hunderttausende zusammenströmten, um
Johannes Paul II. zu sehen und reden zu hören.

Die Schwarze Madonna von Tschenstochau.

Die polnische Inschrift auf dem Bild lautet: »Und habt im Herzen keinen Haß!«

Kardinal Wyszynski, der verstorbene Primas von Polen, war das große Vorbild im Widerstand für Jerzy Popieluszko.

Jerzy Popieluszko vor seiner Haustür.

Das polnische Helsinki-Komitee ehrt den toten Priester.

Oben: Danziger Arbeiter bei der Beerdigung Popieluszkos,
Unten: Arbeiterführer Walesa (Mitte) unter den Trauergästen.

125

Inhalt

Die Beisetzungsfeierlichkeiten für den am 19. Oktober 1984 ermordeten Jerzy
Popieluszko vor seiner Warschauer Kirche.

Bildnachweis:

Evangelisationszentrum Licht-Leben, Maximilianum Verlag, Carlsberg, 1984